Orianne Lallemand • Éléonore Thuillier

Conçu par des enseignants
Conforme au programme

Mon année de grande section avec LOUP

Rédigé par Béatrice Doucet et Anne Kalic
professeures des écoles

AUZOU

PRÉSENTATION

Cet ouvrage conçu par des professeures des écoles est conforme au programme officiel de Maternelle et suit les recommandations ministérielles concernant la forme des lettres, des chiffres et des polices de caractère. Le contenu de cet ouvrage est par ailleurs entièrement rédigé en tenant compte de la nouvelle orthographe. Il rassemble toutes les connaissances indispensables pour réussir son année dans chaque matière :

- Graphisme-Écriture
- Mathématiques
- Lecture
- Explorer le monde

LES LEÇONS

L'objectif pédagogique de la double page.

Je m'entraine : Loup propose des exercices à difficulté progressive. (🐾🐾🐾)

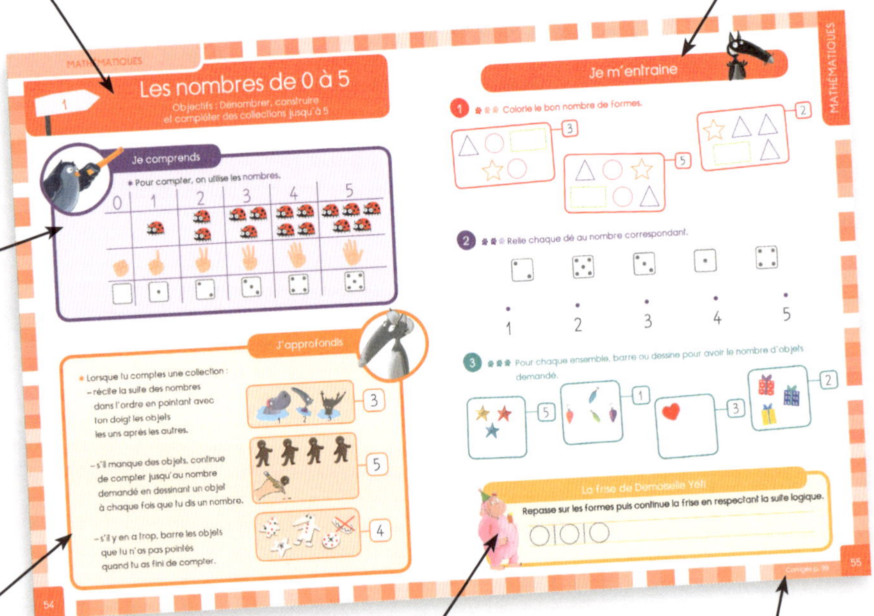

Je comprends : Maître Hibou résume la leçon que l'enfant doit retenir avant de s'exercer.

J'approfondis : Louve permet à l'enfant d'aller plus loin dans la leçon.

Demoiselle Yéti défie l'enfant autour d'un exercice ludique, une expérience,...

Le renvoi à la page pour consulter **les corrigés** à la fin de l'ouvrage.

LES CORRIGÉS

Tous les corrigés sont regroupés à la fin de l'ouvrage, permettant à l'enfant de vérifier son travail et de voir si la notion étudiée est acquise.

LE POSTER DÉTACHABLE

Le tour du monde de Loup détachable que l'enfant pourra conserver et afficher dans sa chambre.

LES MÉMOS

Sur les rabats de la couverture, l'enfant trouvera de jolis mémentos sur les apprentissages indispensables de l'année de GS :

- un abécédaire,
- les formes géométriques,
- les jours de la semaine, les mois et les saisons,
- les nombres de 1 à 20.

SOMMAIRE

Graphisme–Écriture

Lecture

Mathématiques

Explorer le monde

GRAPHISME – ÉCRITURE

1 Le crayon

Objectif : Apprendre à tenir correctement son crayon

Je comprends

✶ Tiens bien ton **crayon** !

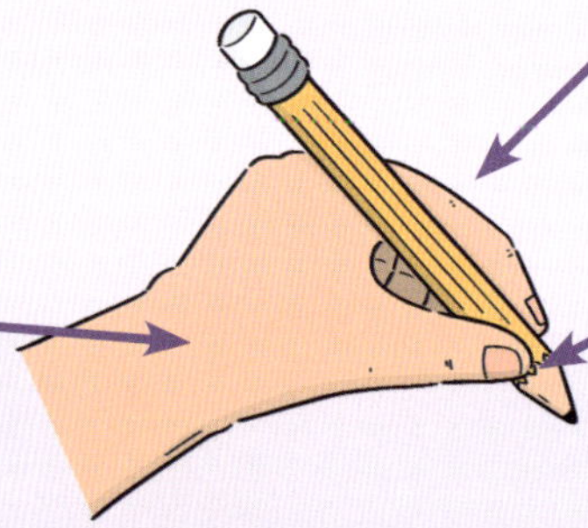

La main est inclinée vers la feuille de papier.

Le poignet est posé sur la feuille.

Le crayon est positionné entre le pouce et l'index. Il repose sur le majeur.

✶ Adopte la **bonne position** !

– Installe-toi dans un endroit calme et suffisamment éclairé.

– Place tes pieds bien à plat sur le sol, tes genoux sont au-dessous de tes cuisses, ton dos est droit et légèrement penché en avant.

– Ton bras qui n'écrit pas tient ta feuille.

– Ta feuille est légèrement inclinée (à droite pour les gauchers ou à gauche pour les droitiers).

J'approfondis

✶ Voici les **5 conseils de Loup** pour bien apprendre à écrire :

1. Concentre-toi bien avant d'écrire.
2. Observe bien la lettre et visualise le graphisme à reproduire.
3. Entraine-toi dans l'espace avec ton doigt.
4. Repasse sur le modèle, plusieurs fois de suite si tu en as besoin.
5. Utilise ton crayon en commençant toujours par la gauche de ta feuille.

Je m'entraine

1 Loup cherche un cahier et un crayon pour écrire. Mais ses affaires d'école sont en désordre. Aide-le à les retrouver parmi tous ces objets.

2 Selon toi, dans quelle posture Loup est-il le mieux installé pour écrire ? Entoure la bonne réponse.

3 Colorie les lettres de ton prénom et écris-le sur la ligne.

N	J	A	B	L	F	S	Q	A	S
M	E	R	I	G	P	U	O	D	E
C	Y	H	V	X	K	W	Z	T	L

O L I V I A

Le défi de Demoiselle Yéti

Continue la jolie frise.

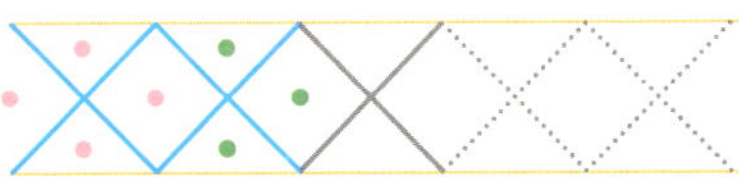

Corrigés p. 96

2

Les boucles (1)

Objectif : Apprendre à tracer les lettres e et l

Je comprends

* Observe la lettre e et le sens de son tracé.

l'écureuil

* Observe la lettre l et le sens de son tracé.

la loupe

J'approfondis

* La lettre e monte jusqu'à la deuxième ligne.
* La lettre l monte jusqu'à la quatrième ligne.

Je m'entraine

1 Complète les frises.

2 Continue les lignes de lettres.

e e e e e e e e e

l l l l l l l l l

la lampe

3 Écris la lettre manquante. e l

Les c…rises

Le …ivr…

Le …apin

Les pa…m…s

Le défi de Demoiselle Yéti

Recopie le mot loup selon le modèle.

loup

Corrigés p. 96

3

Les étrécies

Objectif : Apprendre à tracer les lettres i, t et u

Je comprends

★ Observe la lettre i et le sens de son tracé.

l'iglou

★ Observe la lettre t et le sens de son tracé.

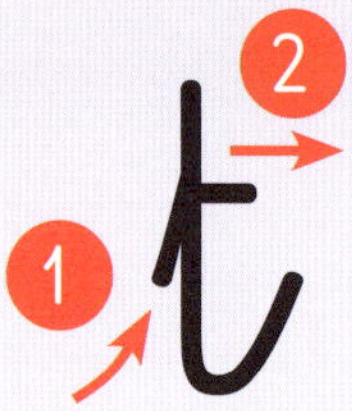

le tableau

★ Observe la lettre u et le sens de son tracé.

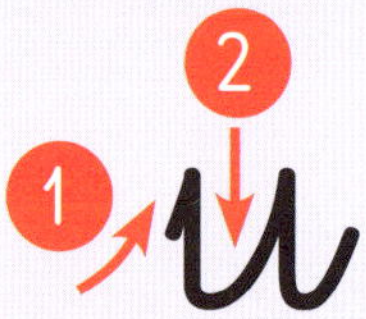

l'ukulélé

J'approfondis

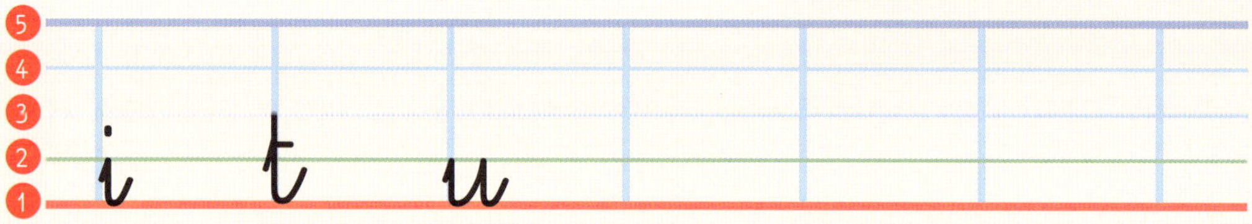

★ La lettre i monte jusqu'à la deuxième ligne. Le point figure sur le deuxième interligne.

★ La lettre t monte jusqu'à la troisième ligne.

★ La lettre u monte jusqu'à la deuxième ligne.

Je m'entraine

1 Complète les frises.

2 Continue les lignes de lettres.

i i i

u u u

t t t

la voiture

3 Colorie le mot identique au modèle.

taupe

paute taupe pteau tapue autep

Le défi de Demoiselle Yéti

Recopie les noms en lettres cursives.

La lune	L'étoile	La tortue

La	L'....................	La ....

Corrigés p. 96

4

Les ronds (1)

Objectif : Apprendre à tracer les lettres c et o

Je comprends

✶ Observe la lettre c et le sens de son tracé.

le cactus

✶ Observe la lettre o et le sens de son tracé.

l'oiseau

J'approfondis

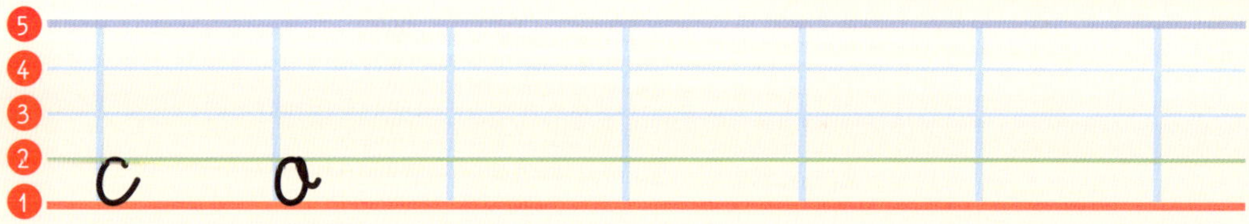

✶ Les lettres c et o montent jusqu'à la deuxième ligne.

Je m'entraine

1 Complète les frises.

2 Continue les lignes de lettres.

c c c

o o o

la couronne

3 Entoure en rouge la lettre *c* et en vert la lettre *o* dans les mots suivants.

le bol

le coquillage

le concombre

la princesse

le champignon

la carotte

la sorcière

Le défi de Demoiselle Yéti

Pour que ce soit encore plus la fête, dessine de beaux ballons tout ronds.

Corrigés p. 96

5

Les ronds (2)

Objectif : Apprendre à tracer les lettres a et d

Je comprends

✶ Observe la lettre a et le sens de son tracé.

l'avion

✶ Observe la lettre d et le sens de son tracé.

le doudou

J'approfondis

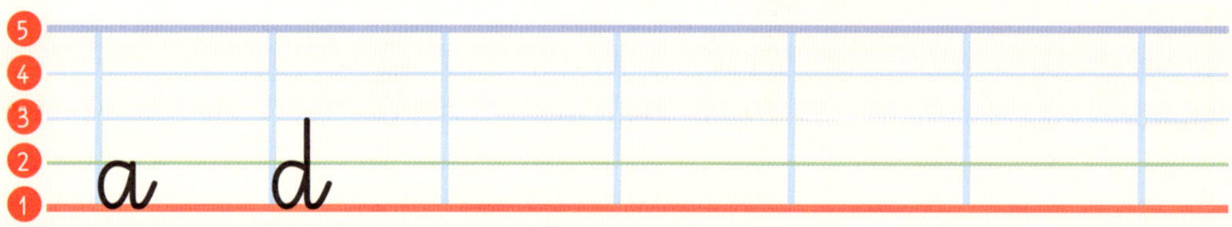

✶ La lettre a monte jusqu'à la deuxième ligne.

✶ La lettre d monte jusqu'à la troisième ligne.

Je m'entraine

1 Complète les frises.

l l … l

o o … o

2 Continue les lignes de lettres.

a a … a

d d … d

le cadeau

3 Écris la lettre qui manque. a d

le p……n……a

l'……rbre

le nu……ge

le ……ragon

Le défi de Demoiselle Yéti

Entoure les *a* et les *d* de ce mot.

le dromadaire

Corrigés p. 96

6

Les ponts

Objectif : Apprendre à tracer les lettres m, n et p

Je comprends

✶ Observe la lettre m et le sens de son tracé.

la moufle

✶ Observe la lettre n et le sens de son tracé.

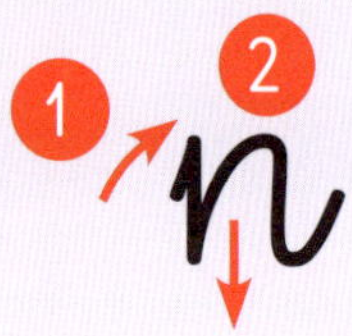

le nuage

✶ Observe la lettre p et le sens de son tracé.

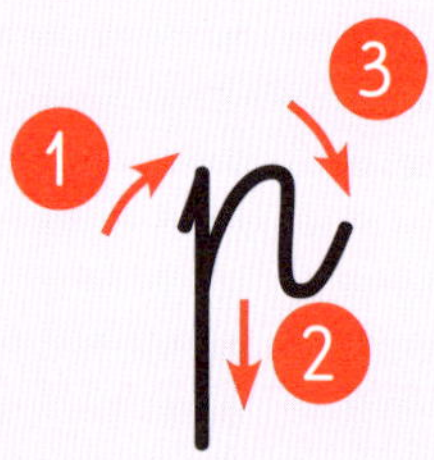

le palmier

J'approfondis

✶ Les lettres m et n montent jusqu'à la deuxième ligne.

✶ La lettre p descend jusqu'à la troisième ligne en dessous.

Je m'entraine

1 Complète les frises.

2 Continue les lignes de lettres.

m m m

n n n

p p p

la mouette

le papillon

3 Un seul prénom s'écrit avec deux *n*. Entoure-le.

Valentin Louis Joshua

Alfred Yéti Louve

Le défi de Demoiselle Yéti

6 lettres se sont cachées dans cette image. Entoure-les.

Corrigés p. 96

7

Les jambages

Objectif : Apprendre à tracer les lettres q, g et j

Je comprends

* Observe la lettre q et le sens de son tracé.

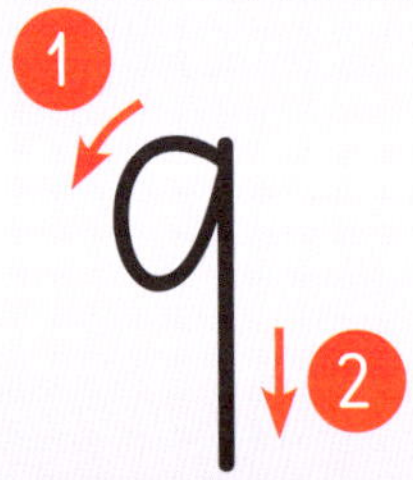

la queue

* Observe la lettre g et le sens de son tracé.

la galette

* Observe la lettre j et le sens de son tracé.

la jupe

J'approfondis

* Les lettres q et g descendent jusqu'à la troisième ligne tandis que le rond occupe le premier interligne.
* La lettre j descend jusqu'à la troisième ligne tandis que le début de boucle occupe le premier interligne. Le point se place dans le deuxième interligne.

Je m'entraine

1 Complète ces frises.

2 Continue les lignes de lettres.

q q q

g g g

j j j

le perroquet

le singe boit un jus

3 Relie chaque mot à la lettre que tu trouves dans chacun.

dragon

4

quatre

jus

j g q

Le défi de Demoiselle Yéti

Barre les grenouilles où tu ne vois pas la lettre g.

g

g

j

g

G

q

j

Corrigés p. 96

8 Les demi-ponts et les demi-ronds à l'envers

Objectif : Apprendre à tracer les lettres r et s

Je comprends

✶ Observe la lettre r et le sens de son tracé.

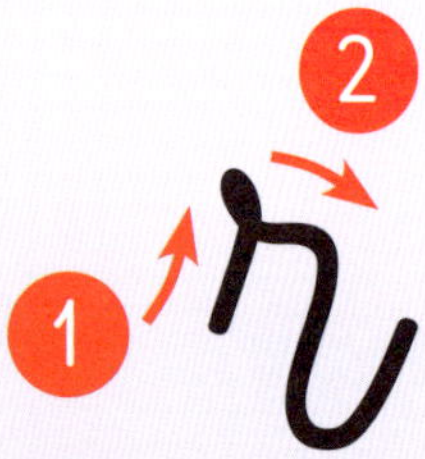

le raisin

✶ Observe la lettre s et le sens de son tracé.

le sapin

J'approfondis

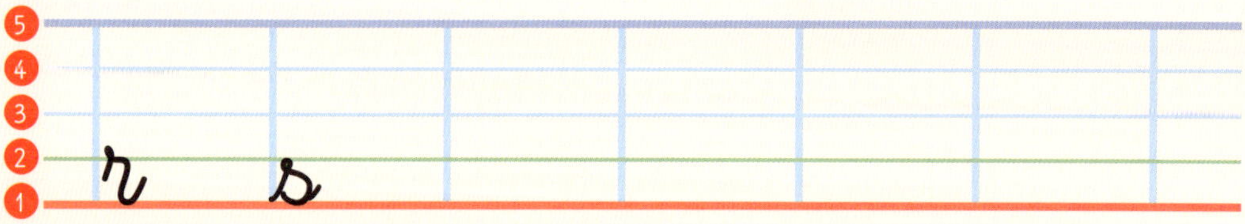

✶ Les lettres r et s montent jusqu'à la deuxième ligne.

Je m'entraine

1 Complète les frises.

2 Continue les lignes de lettres.

r r r

s s s

la souris

3 À l'aide des autocollants, colle les syllabes dans l'ordre pour écrire les bons mots.

tortue

soleil

renard

....

Le défi de Demoiselle Yéti

Demoiselle Yéti s'est parfois trompée en écrivant le mot « râteau ».
Entoure en bleu les mots mal écrits et en rouge, les mots bien écrits.

reteau
râteau
râteau
teaura
rato
rate
sâteau
râteu
tareau
râteau

Corrigés p. 96

9

Les mélanges d'étrécies et de ponts

Objectif : Apprendre à tracer les lettres v, w et y

Je comprends

✶ Observe la lettre v et le sens de son tracé.

la valise

✶ Observe la lettre w et le sens de son tracé.

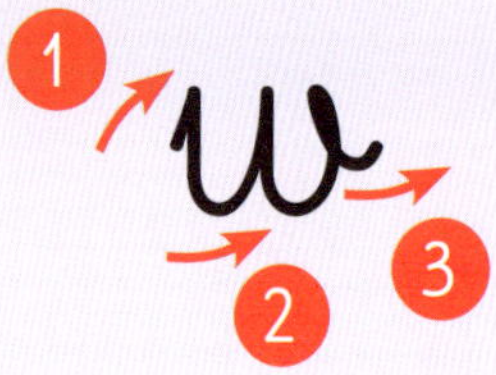

le wagon

✶ Observe la lettre y et le sens de son tracé.

le yaourt

J'approfondis

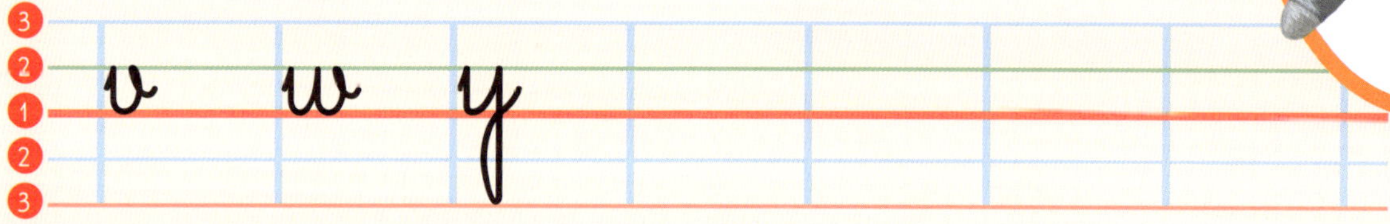

✶ Les lettres v et w montent jusqu'à la deuxième ligne.

✶ La lettre y descend jusqu'à la troisième ligne.

Je m'entraine

1 Complète les frises.

2 Continue les lignes de lettres.

v v v

w w w

y y y

la vache

le wombat

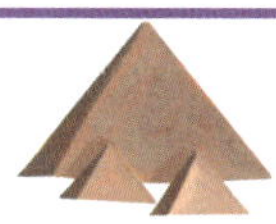

les pyramides

3 Entoure les bonnes lettres pour écrire « VALENTIN ».

V	M	D	O	T	N
E	N	A	I	L	Y

Le défi de Demoiselle Yéti

Recopie le mot yéti selon le modèle.

yéti yéti yéti

Corrigés p. 96

10

Les boucles (2)

Objectif : Apprendre à tracer les lettres b, h, k et f

Je comprends

★ Observe la lettre b et le sens de son tracé.

la baleine

★ Observe la lettre h et le sens de son tracé.

le hibou

★ Observe la lettre k et le sens de son tracé.

le kangourou

★ Observe la lettre f et le sens de son tracé.

le fromage

J'approfondis

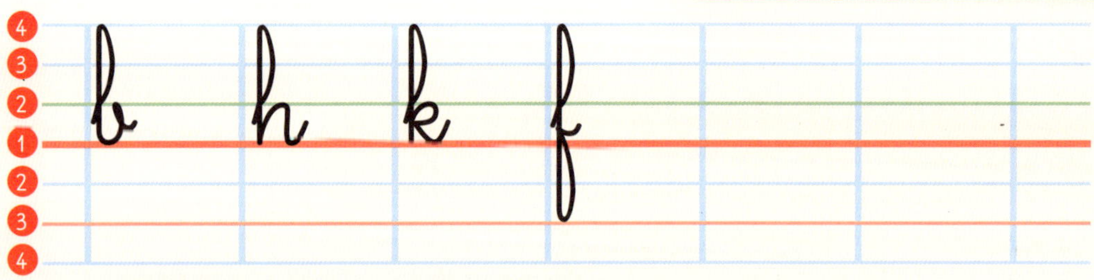

★ Les lettres b, h et k montent jusqu'à la quatrième ligne.

★ La lettre f monte jusqu'à la quatrième ligne et descend jusqu'à la troisième ligne.

Je m'entraine

1 Complète les frises.

2 Continue les lignes de lettres.

b b

h h

k k

f f

le bus

le cochon

le fantôme

skier

3 Écris la lettre qui manque. b k h f

La ....ourmi

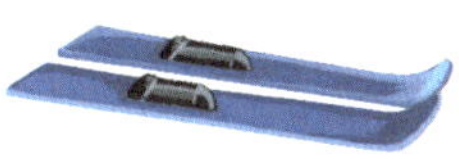

Les s....is

Le ....iberon

Le coc....on

Le défi de Demoiselle Yéti

Recopie le mot koala selon le modèle.

koala koala koala

Corrigés p. 96

11

Les ronds et les boucles à l'envers

Objectif : Apprendre à tracer les lettres x et z

Je comprends

✶ Observe la lettre x et le sens de son tracé.

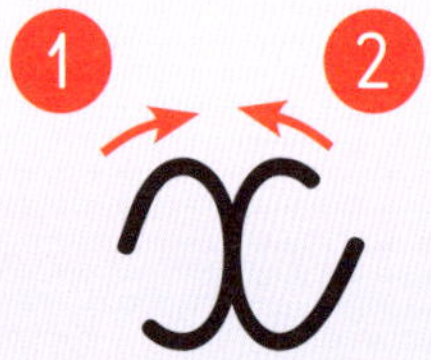

le xylophone

✶ Observe la lettre z et le sens de son tracé.

le zèbre

J'approfondis

✶ La lettre x monte jusqu'à la deuxième ligne.

✶ La lettre z descend jusqu'a la troisième ligne.

Je m'entraine

1 Complète les frises.

ɔc ɔc ɔc

ɤ ɤ ɤ

2 Continue les lignes de lettres.

x x x

z z z

3 Écris ton prénom ci-dessous.

Le défi de Demoiselle Yéti

Recopie cette phrase selon le modèle.

Bienvenue chez moi, Loup !

Bienvenue chez moi loup!

LECTURE

1

Les syllabes (1)

Objectif : Repérer et manipuler des syllabes orales

Je comprends

★ Les mots sont composés de syllabes. Pour les repérer, dis le mot doucement et tape dans tes mains ou compte sur tes doigts à chaque syllabe.

1 syllabe

2 syllabes

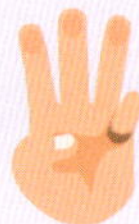

3 syllabes

★ Pour savoir combien il y a de syllabes dans un mot, dessine autant d'arcs que de syllabes.

J'approfondis

★ Sois bien attentif aux sons ! Parfois, ils se ressemblent mais les syllabes ne sont pas les mêmes.

DRAGON

TRACTEUR

Je m'entraine

1 Entoure les mots-images qui ont deux syllabes.

2 Dessine autant d'arcs que tu entends de syllabes dans le mot-image.

3 Colle le mot-image formé en assemblant les deux premiers mots.

 |  →

 |  →

Le défi de Demoiselle Yéti

Un des mots-images n'a pas le même nombre de syllabes que les autres.
Sauras-tu le trouver ?

Corrigés p. 97

2 Des lettres et des mots

Objectif : Reconnaitre les lettres, reconstituer des mots

Je comprends

✶ L'alphabet est composé de 26 lettres.

A B C D E F G H I J
K L M N O P Q R S T
U V W X Y Z

✶ Avec les lettres, on écrit des mots.

LOUP

L	O	U	P

VALENTIN

V	A	L	E	N	T	I	N

BARNABÉ

B	A	R	N	A	B	É

Pour reconnaitre les mots et les reconstituer, regarde bien chaque lettre.

J'approfondis

✶ Tu dois être capable de distinguer les 6 voyelles et les 20 consonnes !

A B C D E F G H I J K L M N O P Q R S T U V W X Y Z

Conseil aux parents : pour entrainer votre enfant à apprendre les lettres, n'hésitez pas à vous servir d'une chanson de l'alphabet.

Je m'entraine

1 Colorie les lettres qui composent ces mots.

C T A V M B I A R L I E

CARTABLE

C F Y I P R i M H O A N

CRAYON

2 Entoure le mot identique au modèle.

LOUP	LIVRE	CAHIER	PEINTURE
LOUPE	LIRE	CACHER	CEINTURE
LOUVE	LIVRER	CAHIER	PEINTRE
LOUP	LIVRE	PANIER	PEINTURE

3 Colorie les lettres en respectant le code couleur.

L O Q U P R

L O U P U R Q L O P Q

Le défi de Demoiselle Yéti

Une erreur s'est glissée dans le mot YÉTI, entoure-la.

Y É T H I

Corrigés p. 97

3

Les syllabes (2)

Objectif : Identifier des syllabes dans les mots

Je comprends

* Pour écrire des mots, on assemble les syllabes.

GÂTEAU

ES CAR GOT

* Certains mots peuvent avoir une ou plusieurs syllabes identiques.

TÉLÉPHONE

TÉ LÉ VI SION

SOU RIS

RI DEAU

J'approfondis

* Pour être bien compris, lorsque tu prononces un mot, pense à articuler ! Tu peux t'entrainer à dire le plus vite possible :

« trois tortues trottaient sur trois toits très étroits ».

Je m'entraine

1 Retrouve les mots-images qui commencent par la même syllabe que le modèle. Entoure-les de la bonne couleur.

2 Barre le mot-image qui ne commence pas par la même syllabe que le modèle.

3 Prononce les mots-images, puis colorie la syllabe qu'ils ont en commun.

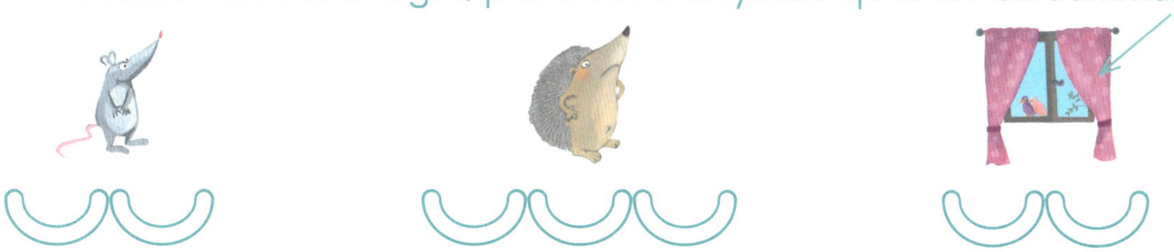

Le défi de Demoiselle Yéti

Trouve le mot-image qui ne commence pas par la même syllabe que les autres.

Corrigés p. 97

4 Les différentes écritures (1)

Objectif : Reconnaitre les lettres scriptes

Je comprends

✶ Dans les livres, on utilise la plupart du temps l'écriture scripte.

A	B	C	D	E	F	G	H	I	J
a	b	c	d	e	f	g	h	i	j
K	L	M	N	O	P	Q	R	S	T
k	l	m	n	o	p	q	r	s	t
U	V	W	X	Y	Z				
u	v	w	x	y	z				

✶ On distingue les lettres scriptes majuscules (capitales d'imprimerie) et les lettres scriptes minuscules.

J'approfondis

⚠ Certaines lettres minuscules se ressemblent.

b a un gros ventre. d a un gros derrière.

p a la tête en avant. q a la tête en arrière.

m a 3 jambes. n n'a que 2 jambes.

Je m'entraine

1 Entoure les lettres B, b dans ces mots.

BONBON — biberon — banane — ROBOT

2 Relie les mots qui sont identiques.

GRENOUILLE • HÉRISSON • POULE • COQ • VACHE

• poule • grenouille • vache • hérisson • coq

3 Aide-toi des autocollants pour recomposer la phrase.

LOUP DESCENDIT LES BARREAUX.

....

Le défi de Demoiselle Yéti

Un intrus se cache parmi les lettres p. Sauras-tu le trouver ?

p p p p p p p p p p p p p p p p p p p p

p p p p p p p p p p p p p p p

p q p p p p p p p p p p p p p p p p p p

Corrigés p. 97

5 Les différents écrits

Objectifs : Identifier les types d'écrits, se repérer sur une couverture de livre

Je comprends

★ Tous les écrits ne se ressemblent pas :

– La **lettre** est un texte qui est écrit à une autre personne.
Elle se termine par une **signature**.

– L'**album** raconte une histoire illustrée.

– Le **documentaire** donne des informations sur les animaux, les pays, les métiers …

J'approfondis

★ Sur la couverture d'un album, on trouve différents renseignements :

- Le **titre**
- Le nom de l'**illustrateur** qui a fait les dessins
- L'**éditeur** qui a fabriqué le livre
- Le nom de l'**auteur** qui a écrit le livre

Je m'entraine

1 Un intru s'est glissé parmi les couvertures des albums, entoure-le.

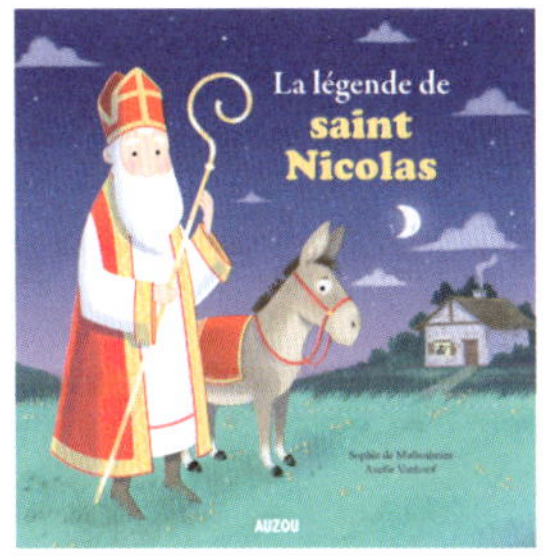

2 Sur la couverture de ce conte, entoure le titre en bleu et le nom de l'auteur en jaune.

Le défi de Demoiselle Yéti

Aide Demoiselle Yéti à retrouver le mot « CONTES » dans le titre du livre.

Corrigés p. 97

6

Comprendre une histoire

Objectif : Écouter une histoire et être capable de répondre à des questions simples

J'écoute

Il était une fois un gros loup noir qui n'aimait pas sa couleur.

Il trouvait le noir trop triste.

Lundi, le loup essaya le vert. Il plongea sa patte dans un pot de peinture verte et s'en barbouilla le corps. Quand il fut bien sec, il se regarda dans son miroir et s'exclama : « Quelle horreur ! On dirait une grosse grenouille. Cela ne va pas du tout ! »

Orianne Lallemand et Éléonore Thuillier,
Le loup qui voulait changer de couleur, © éditions Auzou.

Je m'entraine

1 Réponds oralement aux questions sur le texte que tu viens d'entendre.

a. Pourquoi Loup n'aime-t-il pas sa couleur ?

b. Quelle couleur essaye-t-il ?

c. À quoi se compare-t-il avec sa nouvelle couleur ?

2 Demande à un adulte de te lire les phrases et relie-les à la bonne illustration.

 •

 •

• On dirait une grosse grenouille, cela ne va pas du tout !

• Il plongea sa patte dans un pot de peinture verte et s'en barbouilla le corps.

3 Entoure l'expression de Loup qui correspond à la phrase : « Quelle horreur ! »

Le défi de Demoiselle Yéti

Mardi, le loup enfila le pull de laine rouge que lui avait tricoté sa grand-mère, ainsi qu'une paire de bas écarlates.
Quand il fut tout rouge, il se regarda dans son miroir et s'exclama :
« Nom d'un petit cochon, maintenant on dirait le... »

À ton avis, à qui ressemble Loup ?

Corrigés p. 98

7 Les différentes écritures (2)

Objectif : Reconnaitre les lettres en écriture cursive

Je comprends

★ Quand nous écrivons, nous utilisons l'écriture cursive.

A	B	C	D	E	F	G	H	I	J	K	L	M	N
a	b	c	d	e	f	g	h	i	j	k	l	m	n
a	b	c	d	e	f	g	h	i	j	k	l	m	n

O	P	Q	R	S	T	U	V	W	X	Y	Z
o	p	q	r	s	t	u	v	w	x	y	z
o	p	q	r	s	t	u	v	w	x	y	z

J'approfondis

⚠ Certaines lettres se ressemblent dans les trois écritures : le O, le C, le U, le V, le W et le X par exemple. D'autres lettres sont très différentes. Il faut que tu t'entraines à bien les reconnaitre.

★ Pour associer des mots dans les différentes écritures, observe bien toutes les lettres. Certains mots se ressemblent :

CHAPEAU
chapeau
chapeau

CHÂTEAU
château
château

Je m'entraine

1 Relie les mots qui sont identiques.

robot	BALLON	GUITARE	avion	CAFETIÈRE
guitare	cafetière	ROBOT	ballon	avion

2 Entoure d'une même couleur les lettres identiques.

q Q N
n B
b q M P p
m p m
n b

3 À l'aide des autocollants, place les mots correctement pour recomposer la phrase en cursive.

Loup fait un tour en gondole.

Loup ....

Le défi de Demoiselle Yéti

Observe bien les lettres du prénom Alfred et barre la lettre qui n'est pas dans son prénom parmi les lettres ci-dessous.

d f e b a r l

Corrigés p. 98

8

Les syllabes (3)

Objectif : Manipuler des syllabes pour créer de nouveaux mots

Je comprends

* En ajoutant une syllabe à un mot d'une seule syllabe, on fabrique un nouveau mot composé de deux syllabes. On peut ajouter la syllabe à la fin ou au début :

 +  → 

PAIN SEAU PIN CEAU

* On peut aussi supprimer la première ou la dernière syllabe d'un mot pour obtenir un nouveau mot.

 → 

CAR TA BLE → TA BLE

* On peut également changer une syllabe et obtenir un nouveau mot.

 → 

RE NARD → CA NARD

J'approfondis

* En repérant les syllabes dans les mots, tu peux écrire des nouveaux mots.

CHÂ TEAU BA TEAU BA NA NE

Je m'entraine

1 Repasse sur la syllabe qui a été ajoutée au premier mot pour former le deuxième mot comme dans le modèle.

Exemple :

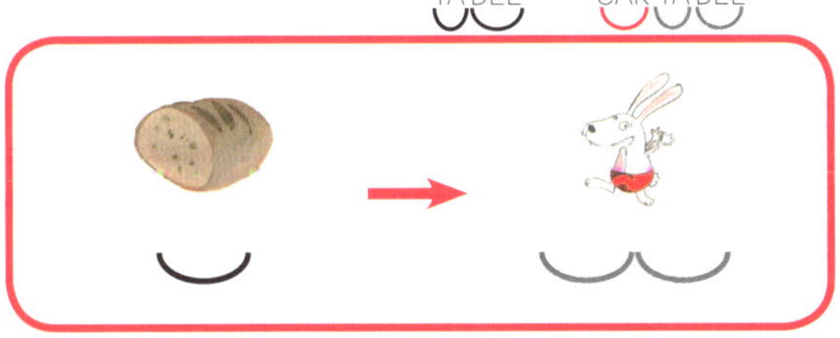

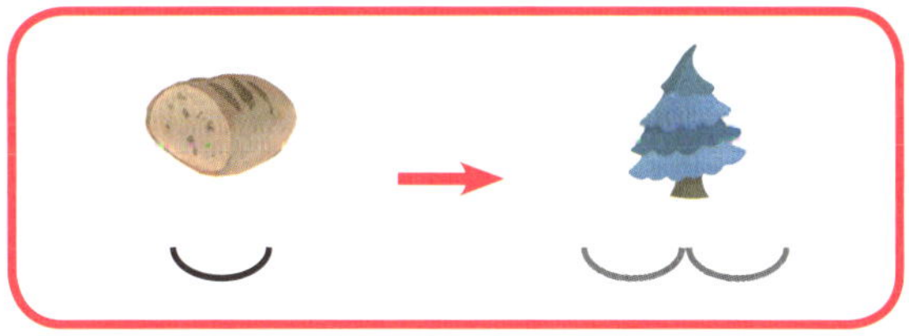

2 Entoure le mot-image obtenu en supprimant la syllabe barrée dans le premier mot.

3 Mets une croix dans la syllabe qu'il faut changer dans le premier mot pour obtenir le deuxième mot.

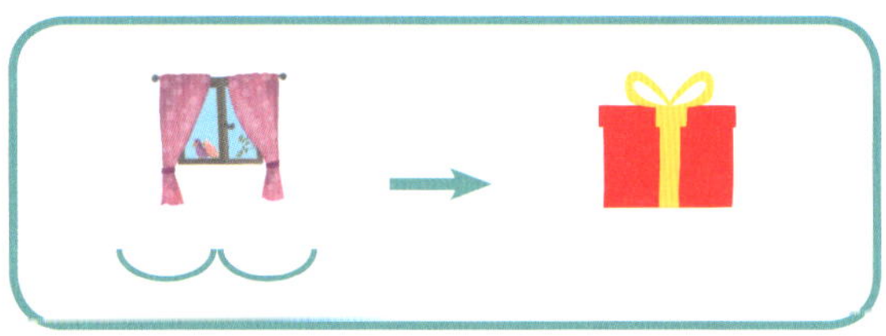

Le défi de Demoiselle Yéti

Trouve deux mots qui commencent par la syllabe « MA ».

Exemple : Achille, le crocodile !

Corrigés p. 98

9 Reconnaitre des sons (1)

Objectifs : Reconnaitre des sons voyelles
et identifier des rimes simples

Je comprends

✶ Dans les mots, les lettres chantent. À chaque lettre correspond un son. En prononçant doucement les mots, tu dois être capable de les reconnaitre.

✶ Les sons voyelles sont :

– Le « a » de CHAT 

– Le « i » de LIVRE 

– Le « u » de LUGE 

– Le « o » de ROBOT 

– Le « é » de BOUÉE 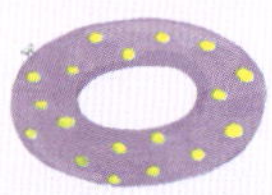

– Le « e » de CERISE 

J'approfondis

✶ Parfois, tu entends le même son à la fin des mots.
On dit que ces mots riment.

fourmi

souris

Ces mots riment car on entend le son « i ».

Conseil parents : vous pouvez jouer avec votre enfant à inventer une comptine avec des mots qui riment.

Je m'entraine

1 Entoure les dessins en suivant le code couleur selon le son que tu entends dans le mot-image.

« i » ou « u »

« a » ou « é »

« o » ou « e »

2 Entoure le mot-image qui rime avec le son indiqué.

« o »

Le défi de Demoiselle Yéti

Trouve deux mots qui riment avec LOUP.

Corrigés p. 98

10

Reconnaitre des sons (2)

Objectif : Identifier quelques sons consonnes et localiser un son dans une syllabe

Je comprends

✶ Dans les mots, les sons voyelles sont associés à d'autres sons : les sons consonnes.

– Le « f » de FOURMI  (le bruit que tu fais quand tu souffles sur une bougie.)

– Le « s » de CITROUILLE  (le sifflement du serpent.)

– Le « ch » de CHAPEAU  (le son que tu fais en premier quand tu dis « CHUT ! ».)

– Le « v » de VALISE  (le bruit du vent.)

J'approfondis

✶ Pour trouver la place d'un son dans un mot, écoute bien chaque syllabes.

 est formé de 2 syllabes.

Tu entends le « o » de  dans la première syllabe.

Conseil parents : Montrez plusieurs images à votre enfant et demandez-lui de trouver le son commun aux dessins.

Exemples :   

Je m'entraine

1 Repère le son que tu entends au début du mot, puis entoure le mot-image selon le code couleur.

 « f »
 « s »
 « ch »
 « v »

2 Fais la même chose avec ces dessins mais attention, le son peut être caché n'importe où dans le mot.

3 Coche la syllabe dans laquelle tu entends le son indiqué.

« a »  →   

« i »  →   

Le défi de Demoiselle Yéti

Trouve un mot qui commence par le son « b » de .

Corrigés p. 98

MATHÉMATIQUES

1 Les nombres de 0 à 5

Objectifs : Dénombrer, construire
et compléter des collections jusqu'à 5

Je comprends

✶ Pour compter, on utilise les nombres.

J'approfondis

✶ Lorsque tu comptes une collection :

– récite la suite des nombres dans l'ordre en pointant avec ton doigt les objets les uns après les autres.

– s'il manque des objets, continue de compter jusqu'au nombre demandé en dessinant un objet à chaque fois que tu dis un nombre.

– s'il y en a trop, barre les objets que tu n'as pas pointés quand tu as fini de compter.

Je m'entraine

1 Colorie le bon nombre de formes.

2 Relie chaque dé au nombre correspondant.

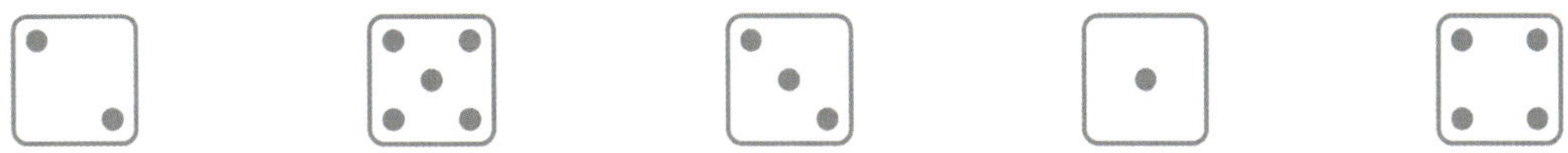

1 2 3 4 5

3 Pour chaque ensemble, barre ou dessine pour avoir le nombre d'objets demandé.

La frise de Demoiselle Yéti

Repasse sur les formes puis continue la frise en respectant la suite logique.

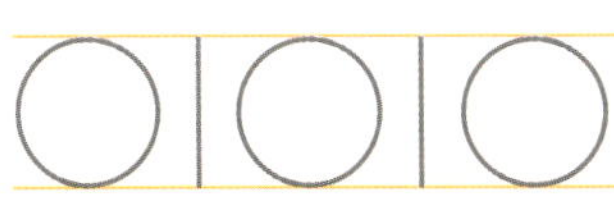

Corrigés p. 99

2 Repérage dans l'espace

Objectif : Comprendre et savoir utiliser les termes gauche/droite, dessus/dessous, devant/derrière

Je comprends

✶ Regarde les images pour apprendre à te repérer :

Loup est à gauche de Louve.

Louve est à droite de Loup.

Demoiselle Yéti est derrière Louve.

Louve est devant Demoiselle Yéti.

Loup est au-dessus du dauphin.

Le dauphin est en dessous de Loup.

J'approfondis

✶ Pour distinguer la gauche de la droite, tu peux prendre pour repère la main avec laquelle tu écris.

Conseil parents : *Invitez votre enfant à jouer à « Jacques a dit... » en introduisant des gestes qui impliquent les notions de droite et gauche.*

Je m'entraine

1 Où est Loup ? Colorie la bonne étiquette.

Loup est à [droite / gauche] de Blanche-Neige.

Loup est [devant / derrière] le tableau.

Loup est [au-dessus / en dessous] des poissons.

2 Colle les images sur le dessin en suivant les consignes.

- au-dessus de la mer
- entre les 2 palmiers
- derrière Loup
- à droite du soleil

Le défi de Demoiselle Yéti

Regarde les ronds et donne la position de chaque rond.

Corrigés p. 99

3 Les nombres de 6 à 10

Objectifs : Dénombrer, construire et compléter des collections, connaitre les différentes représentations des nombres jusqu'à 10

Je comprends

✶ Les nombres ont différentes représentations. Tu dois les reconnaitre en chiffres, sur une main ou avec les dés.

6	7	8	9	10

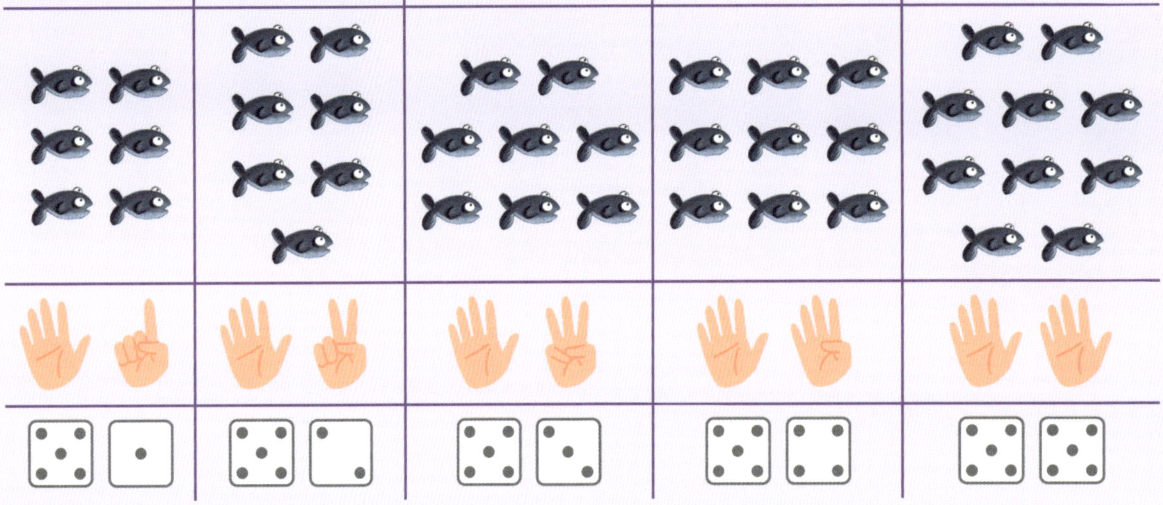

J'approfondis

✶ Le nombre 6, c'est 5 et encore 1.

✶ Le nombre 7, c'est 5 et encore 2.

✶ Le nombre 8, c'est 5 et encore 3.

✶ Le nombre 9, c'est 5 et encore 4.

✶ Le nombre 10, c'est 5 et encore 5.

Je m'entraine

1 Dessine le bon nombre de billes.

5 | 9 | 6 | 10

2 Compte les objets et relie chaque ensemble avec le bon nombre.

 • 8 • 10 • 6 • 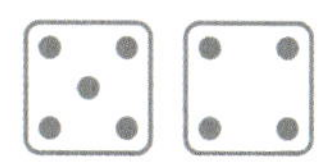

3 Barre ou dessine pour avoir le bon nombre de bougies sur le gâteau.

9 ans | 6 ans | 8 ans | 7 ans

La frise de Demoiselle Yéti

Continue de colorier la frise en suivant le rythme.

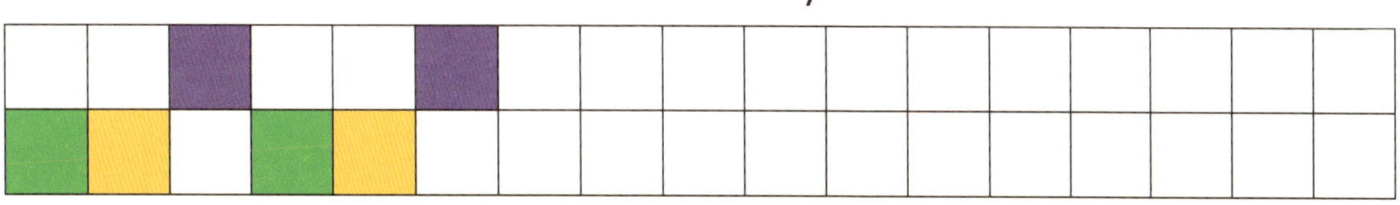

Corrigés p. 99

4

La règle

Objectif : Utiliser la règle pour tracer

Je comprends

* Pour tracer des traits droits, on utilise une règle.
* Appuie bien sur la règle avec ta main pour qu'elle ne bouge pas. Trace le trait le long de ta règle avec ton autre main.

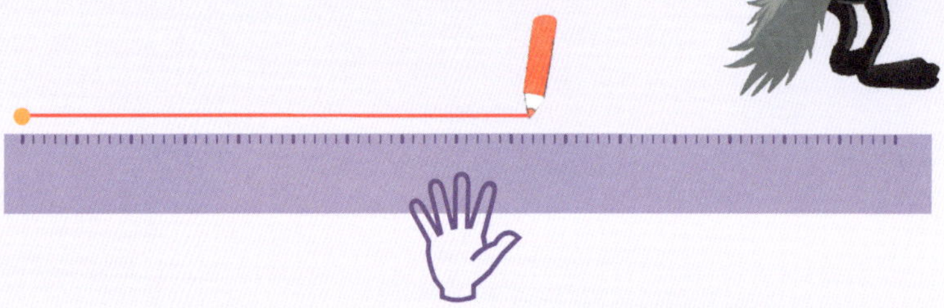

J'approfondis

* Si tu veux relier des points, positionne ta règle sur les points avant de tracer.

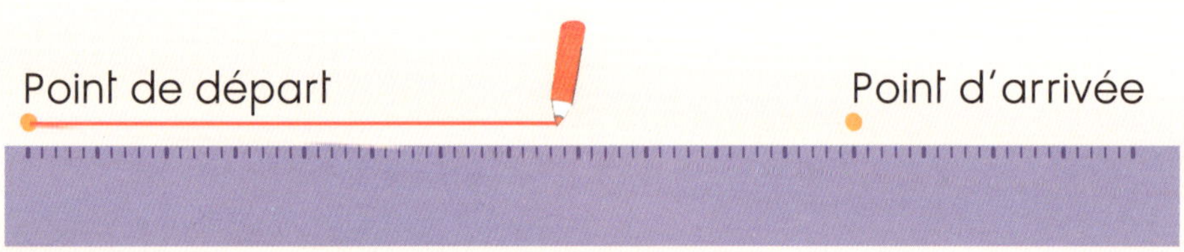

* Ne bouge pas ta règle quand tu traces, sinon ton trait ne sera pas droit !
* Pour tracer des traits penchés, penche ta règle. C'est la règle qui tourne, pas la feuille ou le cahier !

Je m'entraine

1 Avec ta règle, trace des traits dans toutes les directions.

2 Repasse sur les pointillés avec ta règle pour terminer les dessins.

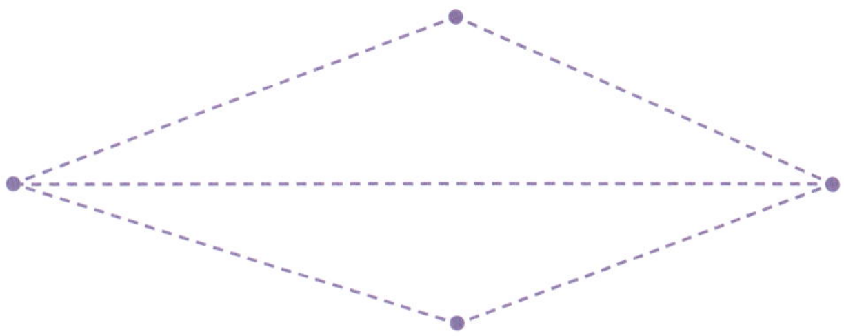

3 Relie les points pour terminer la maison de Loup.

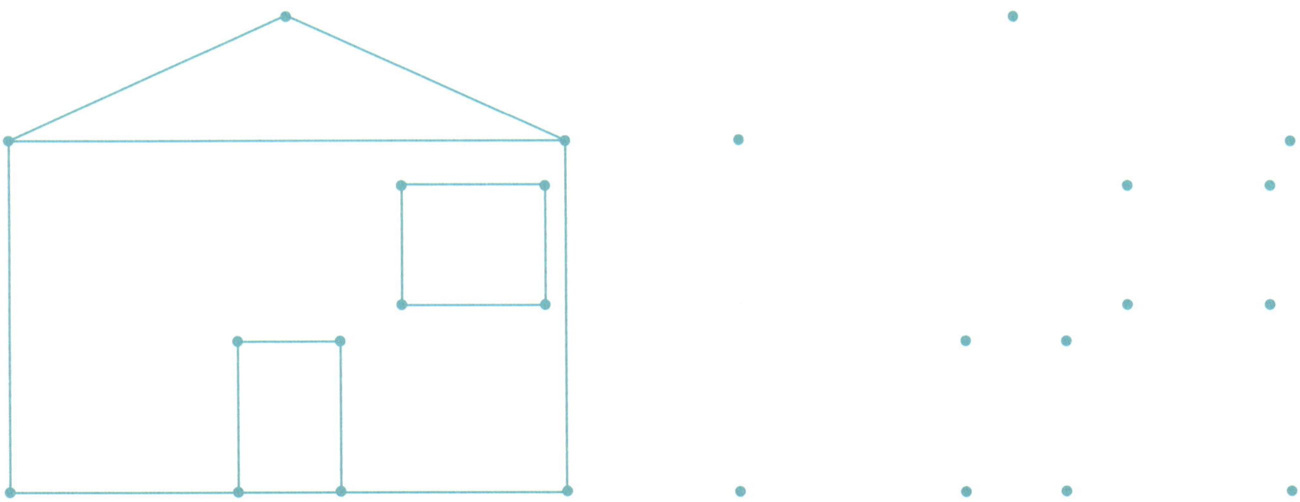

La frise de Demoiselle Yéti

Continue la suite de couleurs en suivant le modèle.

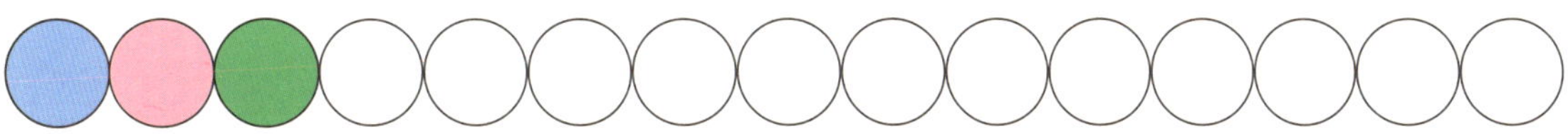

5 Comparer des nombres

Objectifs : Comparer des collections, connaitre le vocabulaire plus que/moins que/autant et comparer des nombres

Je comprends

✶ Pour comparer des collections, tu comptes le nombre d'éléments.

✶ La collection qui a le plus grand nombre d'éléments est celle qui en a le plus. Celle qui a le plus petit nombre est celle qui en a le moins.

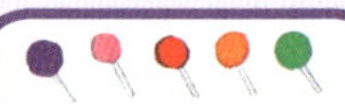

5 sucettes
Valentin a moins de sucettes qu'Alfred.

10 sucettes
Alfred a plus de sucettes que Valentin.

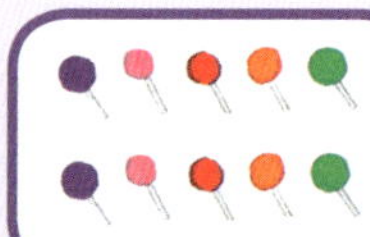

✶ Si les deux collections ont le même nombre d'éléments, on dit qu'elles en ont autant.

3 personnages

3 personnages

Il y en a autant.

J'approfondis

✶ Pour comparer des nombres, on utilise des signes qui ressemblent à des bouches qui s'ouvrent : < ou >.

La bouche s'ouvre toujours vers le plus grand nombre et elle pique le petit nombre avec son côté pointu.

3 < 6 : 3 est plus petit que 6 car 6 est après 3 dans la suite des nombres.

Je m'entraine

1 Colorie la bonne image.

a. La cage où il y a le plus d'oiseaux

b. La cage où il y a le moins d'oiseaux

c. Le bocal où il y a le plus de poissons

2 Complète la collection de bonbons pour qu'il y ait autant de bonbons que de cadeaux.

3 Complète avec le bon signe < ou >.

4 ………… 7   5 ………… 3   9 ………… 6   8 ………… 3

La frise de Demoiselle Yéti

Continue à colorier la frise en suivant la logique.

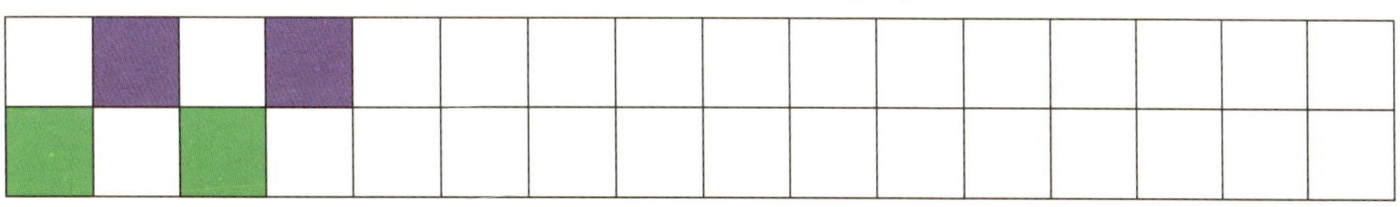

Corrigés p. 99

6 Les formes géométriques

Objectif : Reconnaitre des formes géométriques simples

Je comprends

✶ Voici quelques figures géométriques que tu dois apprendre à reconnaitre :

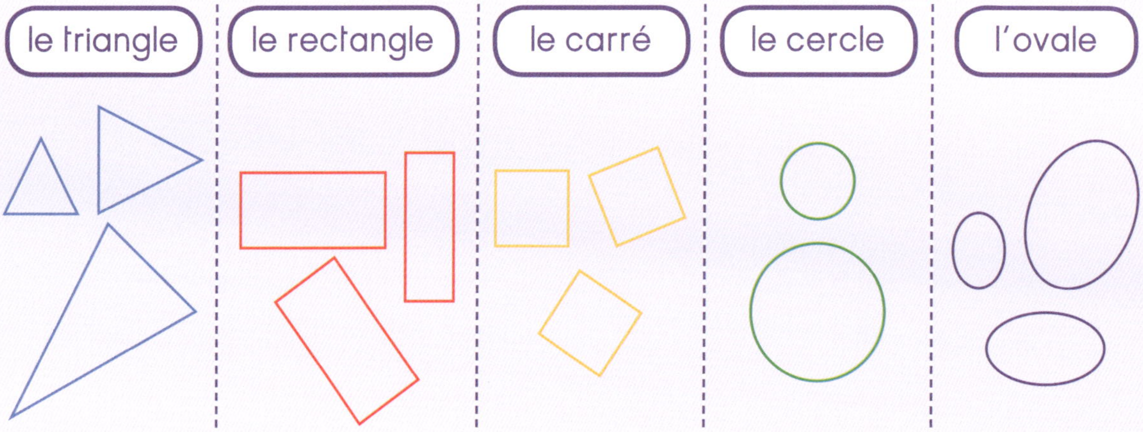

J'approfondis

✶ Le triangle a 3 côtés (les traits) et 3 sommets (les pointes).

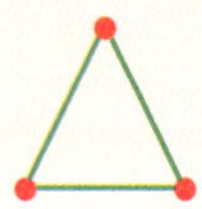

✶ Le rectangle a les 2 côtés opposés de même longueur. Il a 4 sommets.

✶ Le carré ressemble au rectangle mais il a 4 côtés égaux.

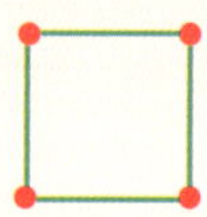

✶ Le cercle n'a pas de côtés droits et pas de sommets.

✶ L'ovale est un cercle allongé.

Je m’entraine

1 Colorie en respectant le code couleurs. Attention aux intrus !

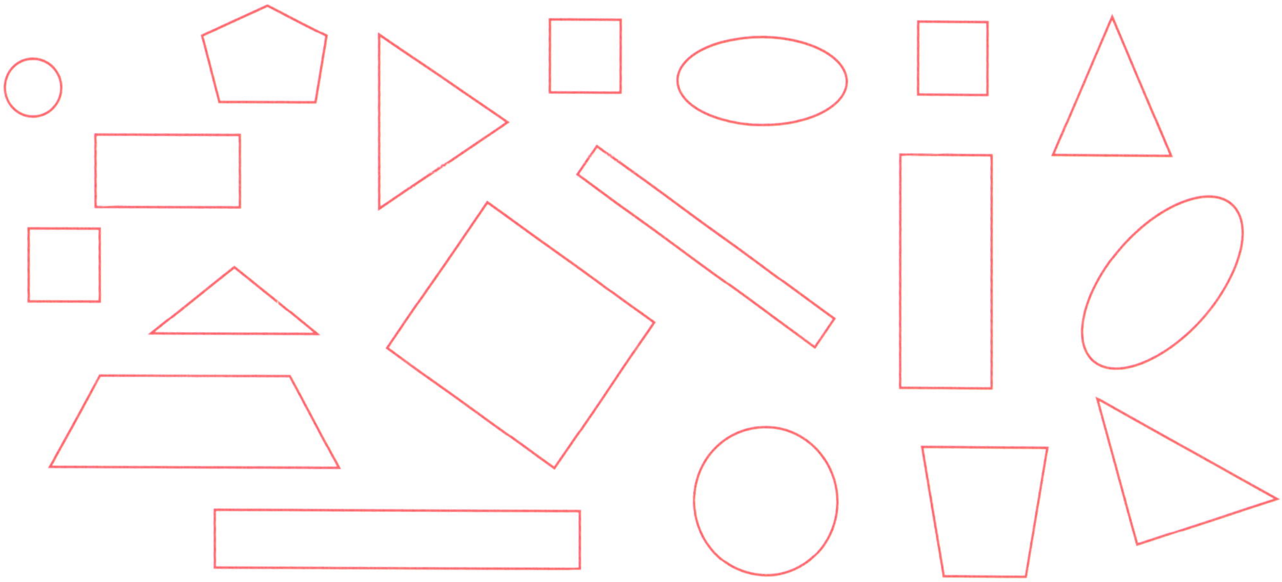

2 Dessine à main levée la figure demandée.

Un cercle	Un carré	Un triangle	Un ovale	Un rectangle

La frise de Demoiselle Yéti

Continue la suite de formes en suivant le modèle.

Corrigés p. 99

7

Les tableaux à double entrée

Objectif : Se repérer dans un tableau à double entrée et le compléter

Je comprends

✶ Un tableau est composé de cases organisées en colonnes (debout) et en lignes (couchées).

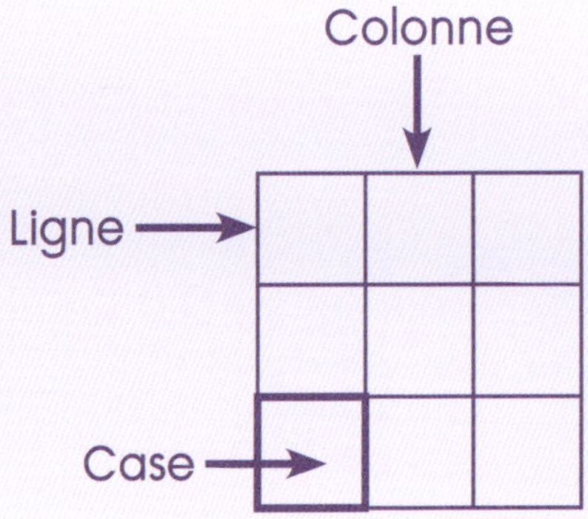

✶ Un tableau permet d'organiser des informations.

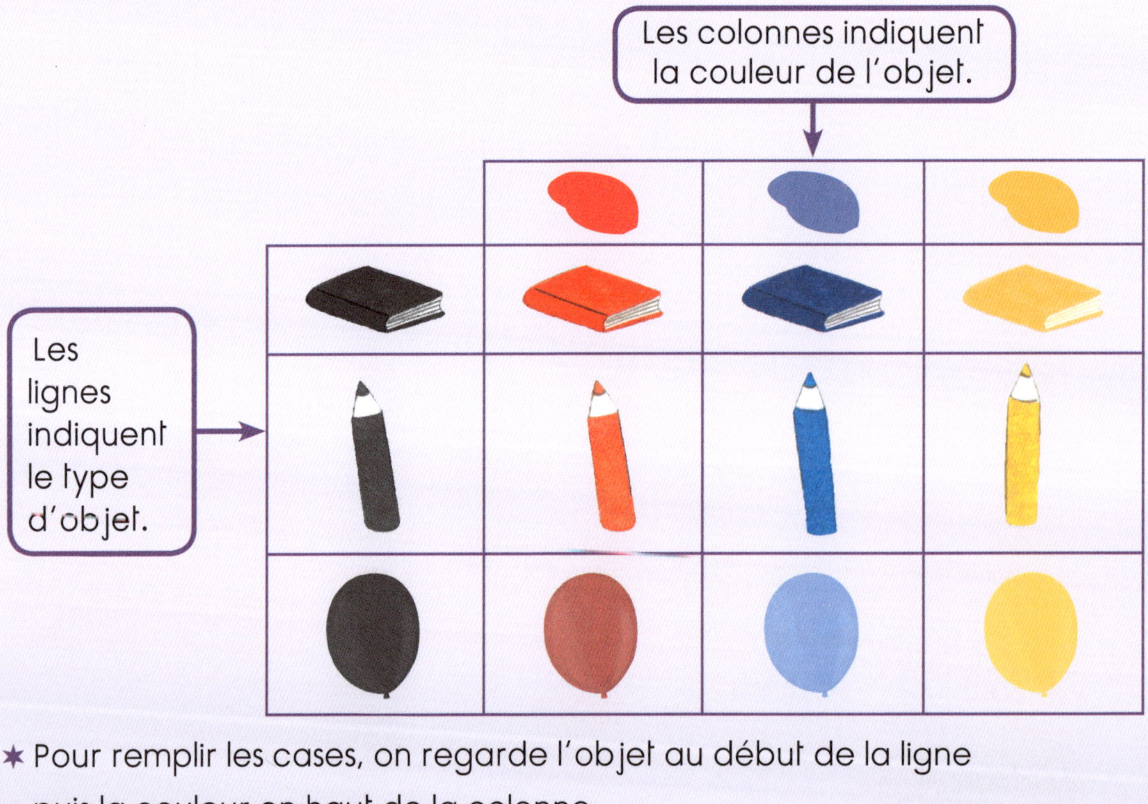

✶ Pour remplir les cases, on regarde l'objet au début de la ligne puis la couleur en haut de la colonne.

Je m'entraine

1 Dans chaque case, colorie les vêtements de Louve en suivant les indications dans les entrées du tableau.

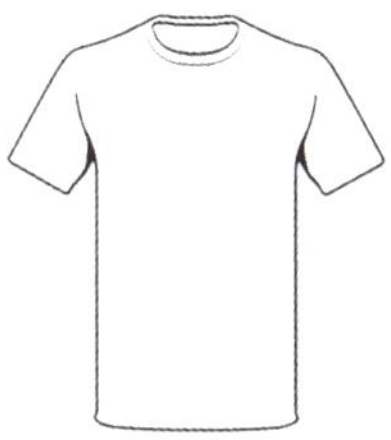		

2 Complète le tableau en dessinant dans les cases le nombre de formes demandées.

	1	4	3

La frise de Demoiselle Yéti

Continue comme le modèle.

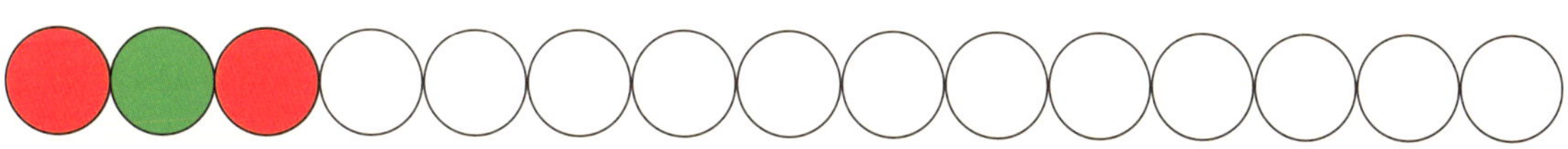

Corrigés p. 100

8

Les nombres de 1 à 10

Objectifs : Compléter des suites de nombres, décomposer les nombres jusqu'à 10

Je comprends

✶ Pour bien connaitre les nombres, tu dois savoir les décomposer. Cela veut dire que tu dois savoir combien il faut ajouter à un nombre pour obtenir le nombre demandé :

Il y avait 6 fleurs dans le vase. Combien ont fané ?

6, c'est 4 et encore 2.

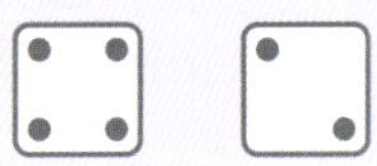

2 fleurs ont fané.

Il y avait 9 chenilles. Combien l'oiseau en a-t-il mangé ?

9, c'est 7 et encore 2.

L'oiseau a mangé 2 chenilles.

J'approfondis

✶ Voici les indications à suivre pour tracer correctement les chiffres.

Je m'entraine

1 Complète la suite de nombres.

1 2 3 4 5 6 7 8 9 10

2 Dessine sur les dominos les points manquants et écris les nombres correspondant en dessous.

6

4 | 2

7

3 | 4

8

5 | 3

9

4 | 5

10

5 | 5

3 Combien manque-t-il d'éléments pour que chaque ensemble soit complet ? Écris la réponse dans la bulle.

3

8

7

Le défi de Demoiselle Yéti

Entraine-toi à tracer de jolis chiffres.

1 2 3 4 5 6 7 8 9

Corrigés p. 100

9 Suivre un chemin

Objectifs : Reproduire des tracés et se déplacer dans un quadrillage

Je comprends

✶ Loup veut retrouver Louve.

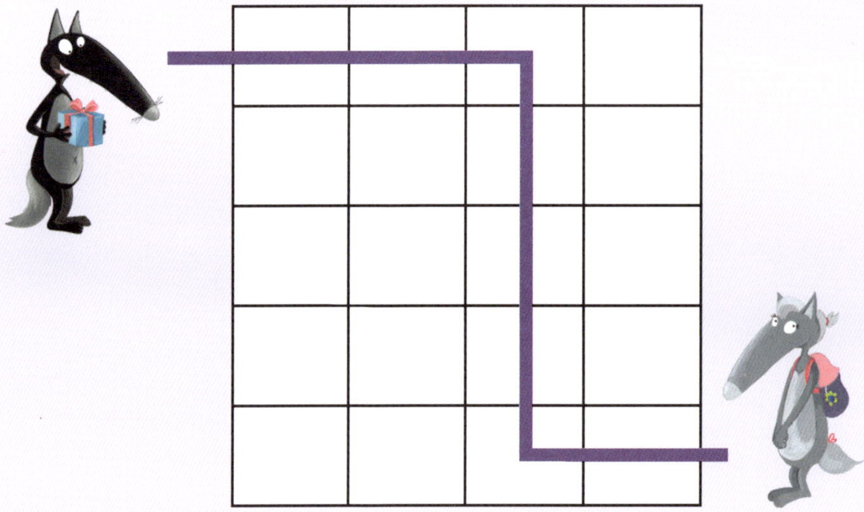

✶ Pour tracer le chemin de Loup, sers-toi des flèches.
Elles indiquent dans quel sens tu dois te déplacer :

→ droite   ← gauche

↑ haut   ↓ bas

✶ À chaque flèche, tu avances d'une case.
Voici le chemin que doit suivre Loup pour retrouver Louve :

→	→	→	↓	↓	↓	↓	→	

Je m'entraine

1 Aide Loup à retrouver son gâteau d'anniversaire.
Trace le chemin en suivant le code des flèches et entoure le bon gâteau.

→	→	→	↓	↓	←	↓	↓

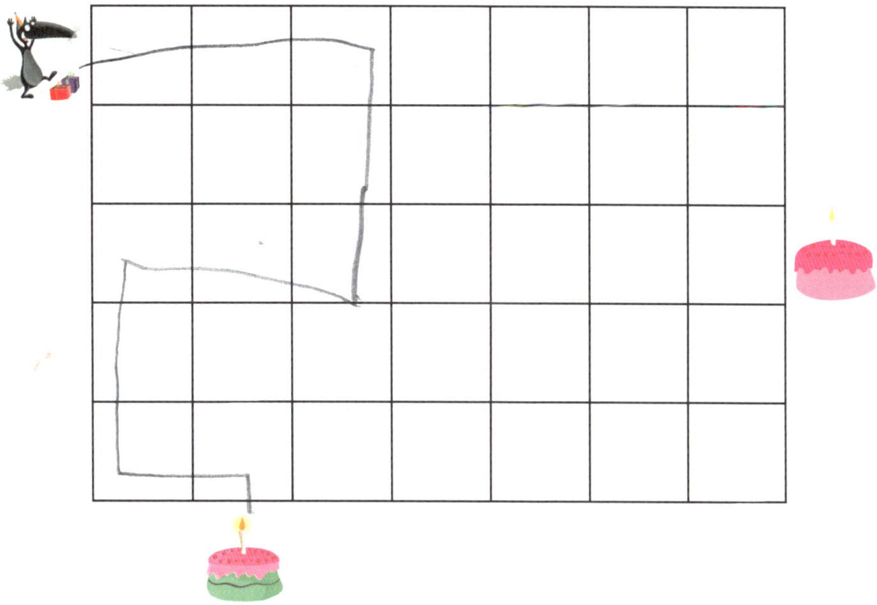

2 Code avec les flèches le chemin de Loup jusqu'à son avion.

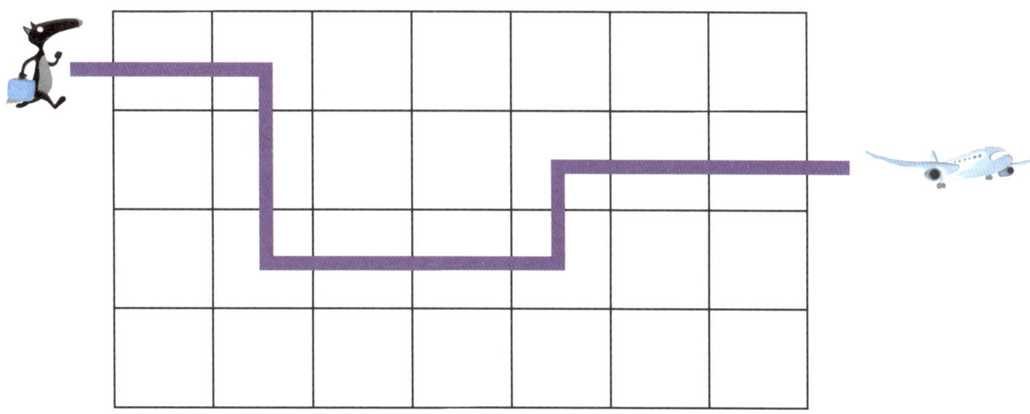

La frise de Demoiselle Yéti

Continue la suite en suivant le modèle.

→	↓	←	→										

Corrigés p. 100

10

Les longueurs

Objectif : Comparer des longueurs

Je comprends

★ On peut comparer des objets en fonction de leur longueur et de leur grandeur.

La bande verte est plus longue que la bande rouge.

La bande rouge est plus courte.

Loup est plus petit que Demoiselle Yéti.
Demoiselle Yéti est plus grande que Loup.

J'approfondis

★ Pour comparer la longueur d'objets qui ne sont pas côte à côte, tu peux utiliser une bandelette de papier.
Place le début de la bandelette sous le début de l'objet et trace un trait à l'endroit où l'objet se termine. Puis fais de même pour le second objet.
Tu verras ainsi quel est l'objet le plus long.

La bande verte est plus longue que la bande rouge.

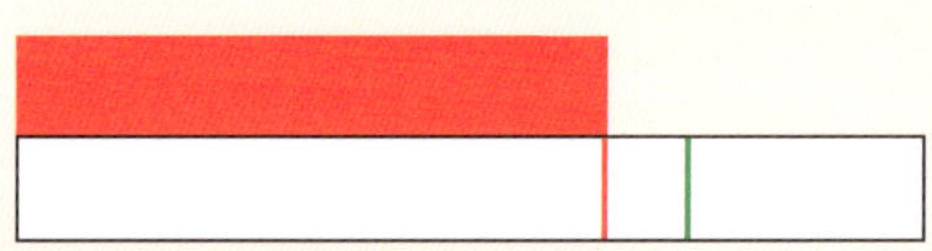

La bande rouge est plus courte que la bande verte.

Je m'entraine

1 Pour chaque ensemble, colorie le rectangle le plus court.

2 Numérote de 1 à 5 les Loup pour les ranger du plus petit au plus grand.

5 3 1 2 4

3 Avec l'aide d'une bandelette de papier, cherche le crayon le plus long et colorie-le en rouge. Puis cherche le crayon le plus court et colorie-le en bleu.

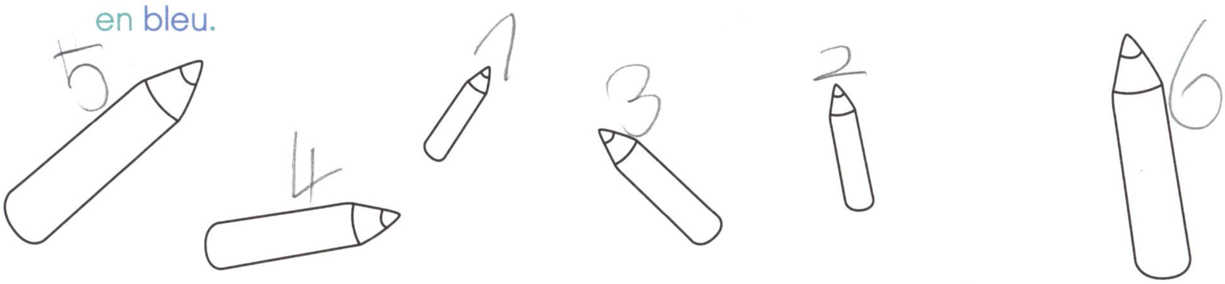

La frise de Demoiselle Yéti

Continue la suite en suivant le modèle.

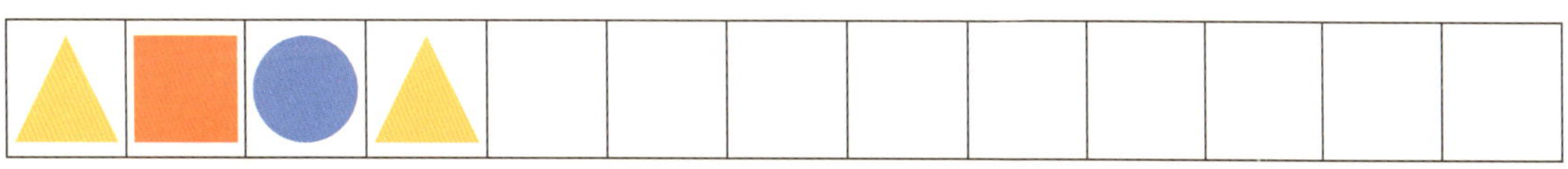

Corrigés p. 100

11

Suite numérique jusqu'à 20

Objectifs : Situer des nombres et connaitre la valeur ordinale des nombres

Je comprends

✶ Pour te repérer dans la suite des nombres, tu peux utiliser les repères suivants :

1	2	3	4	5	6	7	8	9	10	11	12	13	14	15	16	17	18	19	20

J'approfondis

✶ Pour reconnaitre les nombres jusqu'à 20, repère-toi avec le nombre 10 :

11 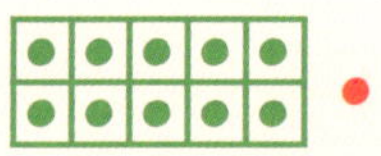 c'est 10 et 1.

12  c'est 10 et 2.

13  c'est 10 et 3.

14 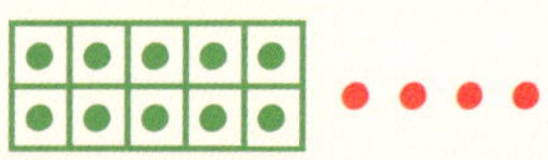 c'est 10 et 4.

15  c'est 10 et 5.

16 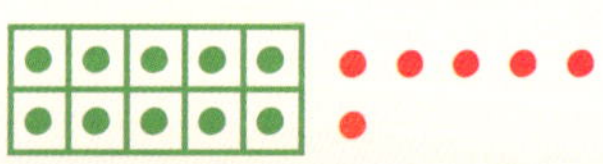 c'est 10 et 6.

17 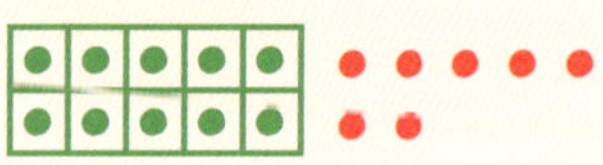 c'est 10 et 7.

18 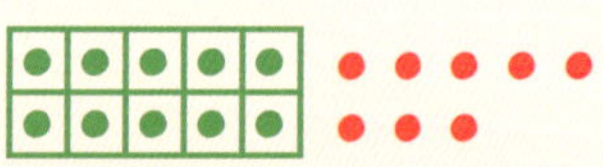 c'est 10 et 8.

19 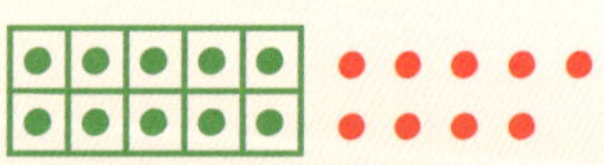 c'est 10 et 9.

20 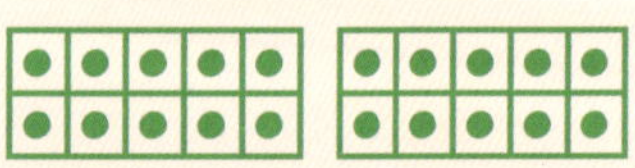 c'est 10 et 10.

Je m'entraine

1 Relie les points dans l'ordre des nombres pour découvrir le dessin.

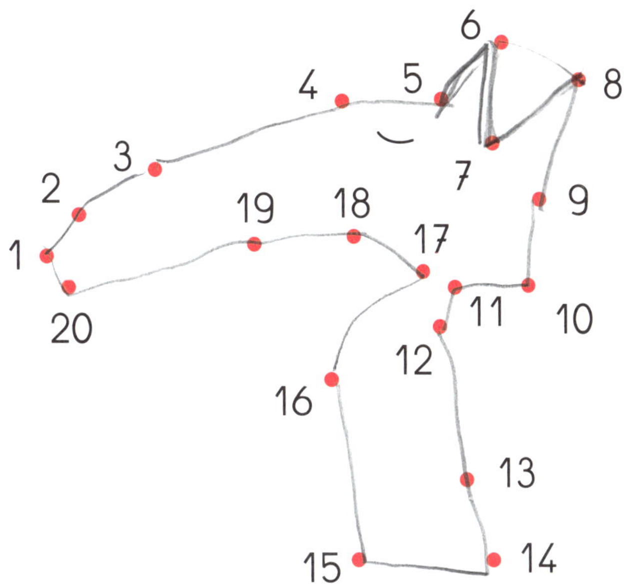

2 Complète les suites de nombres.

.... 5 .... 7 .... 9 .... 11 ....

.... 15 .... 17 .... 19 ....

Le défi de Demoiselle Yéti

Quels sont les nombres cachés sous les formes ? Aide-toi des repères pour les découvrir.

1				5		●			10	▲				15			■		20

● : ....

▲ : ....

■ : ....

EXPLORER LE MONDE

1

La journée

Objectif : Savoir situer un évènement par rapport aux autres dans une journée

Je comprends

✶ Commence par te poser les questions suivantes :
- Qui t'a réveillé ce matin ?
- Que manges-tu au petit déjeuner ?
- Que vas-tu faire à l'école ?
- Où iras-tu après l'école ?
- Comment t'habilleras-tu avant d'aller dormir ?

✶ Une journée commence par le moment où tu te lèves et se termine au moment où tu vas te coucher.
Elle est faite de moments différents qui se succèdent.
Le déjeuner sépare le matin et l'après-midi.
Pendant la journée, il fait jour. Nous sommes éclairés par le soleil contrairement à la nuit où le soleil se cache.

« Je dors. »

« Je m'habille. »

« Je vais à l'école. »

« Je joue au parc avec les copains. »

« Je me lave. »

J'approfondis

✶ Dans une journée, les heures permettent de se repérer.
✶ Les montres, les horloges ou réveils donnent l'heure.
✶ Il y a 24 heures dans une journée.

Je m'entraine

1 Écoute attentivement le texte ci-dessous, puis colle un soleil à côté des images qui se passent le **jour** et un autocollant étoile à côté des images qui se passent le **soir**.

> Ce matin, Alfred a joué au football et Joshua a fait du jardinage.
> Ce soir, Loup écoute de la musique et Valentin joue de la guitare.

2 Complète le tableau en indiquant par une croix à quel moment de la journée se déroulent les actions.

	Le matin	Le midi	L'après-midi	Le soir
Je vais me coucher.				
Je déjeune à la cantine.				
Je vais à l'école.				
J'enfile mon pyjama.				
Je rentre à la maison.				
Je dine en famille.				

3 Écoute le texte et remets les images dans l'ordre selon le déroulement de la journée de Louve en les numérotant de 1 à 4.

> Ce matin, Louve est allée au marché. À midi, elle s'est baignée. Pour le gouter, elle a mangé un gâteau et le soir, elle a chanté avec Les Rocking-Loups.

……… ……… ……… ………

Le défi de Demoiselle Yéti

Quel est ton moment préféré dans la journée ? Explique pourquoi.

Corrigés p. 101

2 Les saisons

Objectif : Apprendre à observer la nature et se repérer dans une année

Je comprends

✶ Une saison est une période de l'année qui dure trois mois, pendant laquelle la température ne change presque pas.

✶ Nous connaissons quatre saisons : l'hiver, le printemps, l'été et l'automne.
– en hiver, la neige tombe, il fait froid, les animaux hibernent.
– au printemps, on sème les graines, les fleurs poussent et les animaux se réveillent.
– en été, il fait très chaud, les arbres sont verts et on part en grandes vacances.
– en automne, on ramasse les feuilles et les champignons et on fête Halloween !

hiver

printemps

été

automne

✶ Lors d'une année complète, les saisons se suivent toujours dans le même ordre. Lorsque les quatre saisons sont passées, on recommence ! C'est le cycle des saisons.

J'approfondis

✶ L'hiver commence le 21 ou le 22 décembre.
✶ Le printemps commence le 20 ou le 21 mars.
✶ L'été commence le 20 ou le 21 juin.
✶ L'automne commence le 22 ou le 23 septembre.

Je m'entraine

1 Relie chacun de ces arbres à la saison qui lui correspond.

hiver — printemps — été — automne

2 Devine quelle est la meilleure saison pour faire du patin à glace. Colorie la bonne saison.

hiver — automne — été — printemps

3 Connais-tu l'ordre des saisons ?
Complète la frise dans le bon ordre avec les autocollants.

Le défi de Demoiselle Yéti

Pour réaliser un tableau d'automne :

1. Ramasse une feuille d'arbre.
2. Enduis la feuille de peinture à l'aide d'un rouleau ou d'un pinceau.
3. Presse la feuille sur le papier en la lissant avec les doigts. Appuie bien partout.
4. Retire délicatement la feuille.

Corrigés p. 101

3 Les repères du temps

Objectifs : Connaitre les jours de la semaine et les mois de l'année, situer une action dans le passé, le présent et le futur

Je comprends

✶ Les jours de la semaine sont :

LUNDI – MARDI – MERCREDI – JEUDI – VENDREDI – SAMEDI – DIMANCHE

✶ Les noms des mois sont :

JANVIER – FÉVRIER – MARS – AVRIL – MAI – JUIN – JUILLET – AOUT – SEPTEMBRE – OCTOBRE – NOVEMBRE – DÉCEMBRE

✶ Pour savoir à quel moment se situe une action, il existe des petits mots « indices » très utiles. Pour parler :

- du passé : hier, avant-hier, autrefois, la semaine dernière…
- du présent : aujourd'hui, pour l'instant, en ce moment, tout de suite…
- du futur : demain, dans une semaine, bientôt, après, plus tard…

J'approfondis

✶ Pour t'aider à retenir les jours de la semaine, apprends cette comptine.

Lundi, les canards vont à la mare, mare, mare
Mardi, les canards vont à la mer, mer, mer
Mercredi, ils organisent un grand jeu, jeu, jeu
Jeudi, ils se promènent dans le vent, vent, vent
Vendredi, ils se lavent comme ça, ça, ça
Samedi, ils mangent à ce que l'on dit, dit, dit
Dimanche, la semaine est finie
Elle recommencera lundi. Coin, coin !

Je m'entraine

1 Colorie chaque jour de la semaine selon la couleur indiquée.

- lundi (vert)
- mardi (orange)
- mercredi (bleu)
- jeudi (violet)
- vendredi (jaune)
- samedi (rouge)
- dimanche (rose)

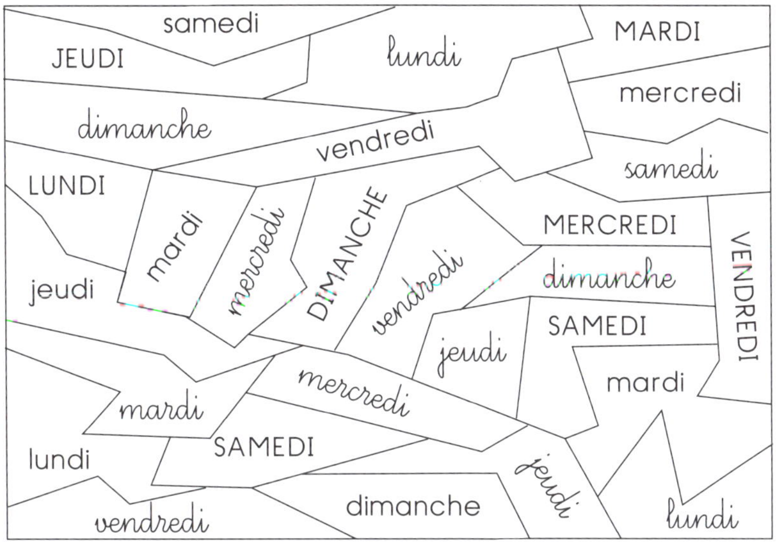

2 Observe bien les illustrations, puis relie-les au mois correspondant.

octobre | décembre | janvier | juillet

3 Loup et Louve adorent remonter le temps.
Une seule image se déroule dans le présent. Entoure-la.

Le défi de Demoiselle Yéti

Devinette.

Je suis le jour de la semaine qui ne rime pas avec les autres. Qui suis-je ?

Corrigés p. 101

4 Les éléments naturels

Objectif : Décrouvrir les matières qui composent les quatre éléments

Je comprends

* Les quatre éléments naturels sont la terre, l'eau, l'air et le feu. Ils sont présents dans la nature. C'est grâce à eux qu'il y a de la vie sur notre planète, la Terre.

– La terre est l'élément solide. On peut la toucher car elle a une consistance, un poids et une forme fixe.

– L'eau est l'élément liquide. Elle prend la forme de son récipient. Elle coule en fonction de la pente ou de la pression.

– L'air est l'élément gazeux. Il est léger et sensible au mouvement.

– Le feu est l'élément actif. Il est chaud et peut transformer la matière.

J'approfondis

* La terre se trouve dans le sol et dans tous les minéraux qui la composent.
* L'eau se trouve dans les rivières, les fleuves, les mers et les océans.
* L'air se trouve dans l'atmosphère ou le vent.
* Le feu se trouve dans le Soleil et les éclairs lorsqu'il y a un orage.

le désert

le fleuve

le vent

le soleil

Je m'entraine

1 Entoure les objets qui peuvent faire du feu.

2 Entoure en bleu ce qui flotte sur l'eau et en gris, ce qui vole dans les airs.
Attention aux intrus.

3 Complète la grille avec les mots suivants :

EAU	TERRE
FEU	AIR

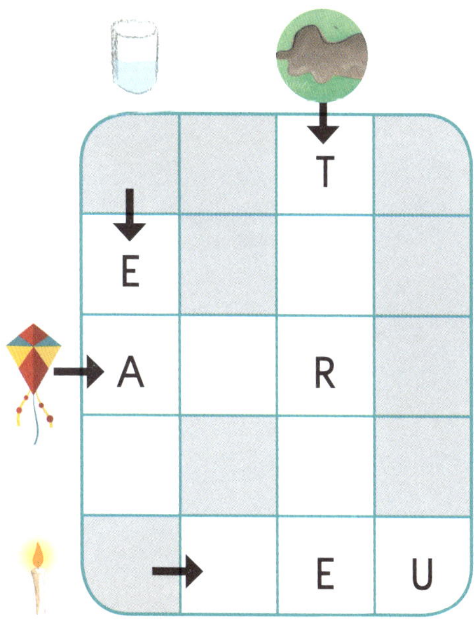

Le défi de Demoiselle Yéti

Devinette.

Je ne brule pas.

Je ne mouille pas.

Je ne souffle pas.

Quel élément suis-je ?

Corrigés p. 101

5 Les liquides et les solides

Objectif : Connaitre les différents états de l'eau

Je comprends

✶ Un liquide est un objet qui coule.
Il faut un récipient pour le conserver ou le transporter.
Les liquides prennent alors la forme du récipient dans lequel ils se trouvent. La surface du liquide est toujours horizontale même si l'on penche le récipient.

✶ Un solide ne coule pas. Il peut être dur et résistant ou mou et déformable mais on peut le tenir entièrement.

  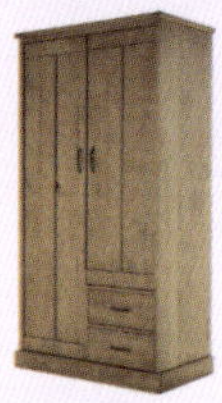

J'approfondis

✶ Dans la nature, on trouve de l'eau liquide : lac, rivière, océan, pluie…
On trouve aussi de l'eau solide : neige, glacier, grêle…

✶ Quand un liquide est suffisamment refroidi, il se transforme en glace.
Il devient alors solide. À l'inverse, certains solides fondent et deviennent liquides lorsqu'ils sont chauffés. Plus il fait chaud, plus ils fondent vite.

⚠ Tous les solides ne fondent pas et ne deviennent pas liquides !

Je m'entraine

1 Parmi ces scènes, entoure la seule photo où l'eau est à l'état solide.

2 Complète le tableau en indiquant par une croix si l'eau est liquide ou solide.

	Liquide	Solide

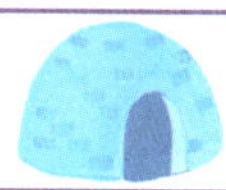		

3 Réponds oralement à la question suivante. Que se passe-t-il…

si on fait chauffer ces poissons en chocolat
dans une casserole ?

Le défi de Demoiselle Yéti

Expérience scientifique

Place au réfrigérateur et au congélateur des récipients remplis d'eau, de lait, d'huile, de sirop et observe ce qu'il se passe.

Corrigés p. 102

6 La protection de l'environnement

Objectif : Se familiariser avec les premières notions d'écologie et de protection de l'environnement

Je comprends

✶ Notre planète a besoin d'**être protégée**. Pour participer à la sauvegarde de l'environnement, il faut avoir les **bons comportements**. Peut-être en connais-tu déjà certains.

1. Je prends des douches plutôt que des bains.
2. Je ne laisse pas l'eau couler quand je me brosse les dents.
3. Je vais à l'école à pied, à vélo ou en trottinette.
4. Je trie mes déchets.
5. J'éteins la lumière quand je quitte une pièce.
6. Je ne jette rien par terre.
7. Je n'abime pas les arbres et les plantes.
8. J'économise le papier.
9. Je veille à bien refermer le réfrigérateur.
10. J'éteins l'ordinateur ou la télévision.

J'approfondis

✶ J'apprends à lire les emballages et à reconnaitre le **symbole du recyclage**. Pour savoir si un emballage est recyclable, il doit comporter ce sigle :

Je m'entraine

1 Dans la forêt, il y a 3 poubelles. Aide Loup et ses amis à trier les déchets en les reliant à la bonne poubelle.

papier et plastique • verre • autres déchets

Le défi de Demoiselle Yéti

Land-art

Profite d'une promenade en pleine nature pour réaliser une œuvre artistique.
Par exemple, au bord de la mer, fais une sculpture de galets !

Corrigés p. 102

7 Vivant, non vivant

Objectif : Connaitre les caractéristiques du monde vivant, ses interactions et sa diversité

Je comprends

★ Il existe le monde du vivant et le monde du non-vivant.

• Le **vivant** regroupe tout ce qui nait, respire, se nourrit, se développe, se reproduit et meurt.

les animaux

les êtres humains

les végétaux

• Le **non vivant** regroupe des éléments naturels et les constructions humaines.

les éléments naturels

les constructions humaines

J'approfondis

★ De la chenille au papillon : le cycle de la vie.

Les  pondent de tout petits œufs.
Chaque œuf va éclore et se transformer en .
Ensuite, la  devient chrysalide.
Au bout de quelques semaines, la chrysalide se fend et donne un beau  !

Je m'entraine

1 Parmi ces images, coche les êtres vivants.

2 Colle les autocollants des êtres vivants et non vivants au bon endroit.

Êtres vivants	
Non vivants	

3 Retrace le cycle de la vie du papillon en numérotant les photos de 1 à 4.

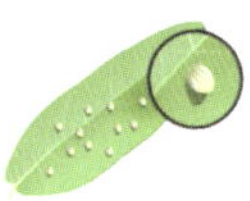

Le défi de Demoiselle Yéti

Es-tu capable de citer 3 êtres vivants et 3 non vivants ?

Corrigés p. 102

8

Le corps humain

Objectif : Reconnaitre, situer et nommer les différentes parties du corps humain sur soi ou sur une représentation

Je comprends

le corps

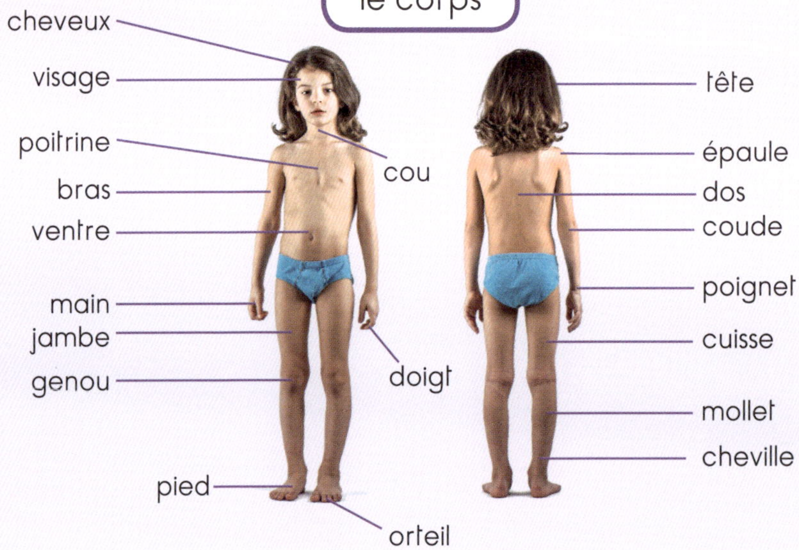

le visage

J'approfondis

✶ Les 5 doigts de la main :

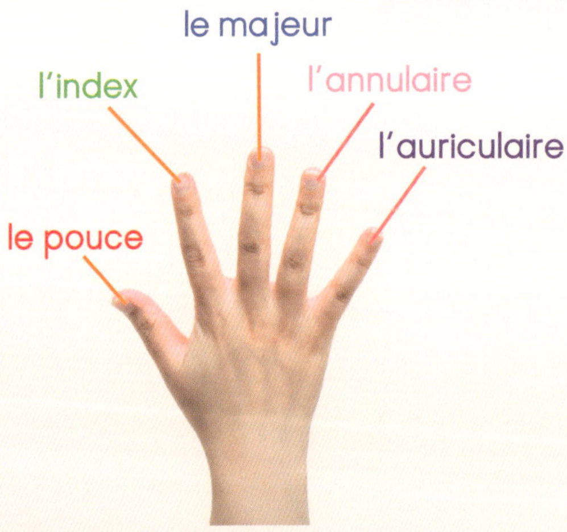

Je m'entraine

1 Complète les silhouettes de Loup et de ses amis avec tes autocollants.

2 Réponds à ces devinettes.

a. Je permets à ta jambe de se plier. Qui suis-je ?

b. En classe, tu me lèves pour poser une question. Qui suis-je ?

c. Je ne suis pas tout seul et je vis souvent dans une chaussure. Qui suis-je ?

Le défi de Demoiselle Yéti

Réalise l'empreinte de ta main.

Sur une feuille de papier, dessine les contours de ta main et nomme ensuite chacun de tes doigts en les montrant.

Corrigés p. 102

9

Les sens

Objectifs : Découvrir les cinq sens et les associer aux organes qui correspondent. Identifier le rôle de ces organes

Je comprends

★ Nous possédons des organes qui permettent de découvrir ou de reconnaitre tout ce qui nous entoure.

– Le gout : la langue permet de gouter les différentes saveurs.
– L'odorat : le nez permet de sentir les odeurs.
– L'ouïe : l'oreille permet d'entendre les bruits.
– Le toucher : la peau permet de reconnaitre les matières par les différents touchers.
– La vue : l'œil permet de voir ce qui nous entoure.

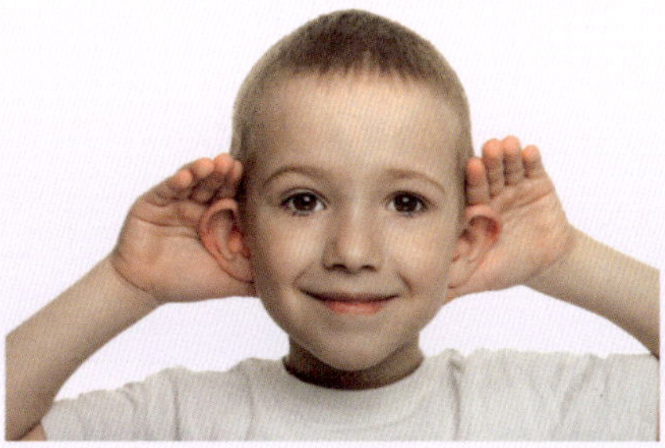

J'approfondis

★ Apprends à reconnaitre les différentes sensations.

– Ce que tu goutes peut être salé, sucré, acide, amer, fade, piquant, etc.

– Ce que tu sens peut être agréable, mauvais, fort.

– Ce que tu entends peut être aigu ou grave.

– Ce que tu touches peut être rugueux, lisse, doux, mou, dur, chaud, froid.

– Ce que tu vois peut être joli, laid, effrayant, bizarre, loin, proche.

Je m'entraine

1 Relie chaque sens à chacune des parties du corps de Loup qui correspond.

- Le gout
- L'odorat
- L'ouïe
- Le toucher
- La vue

2 Sucré ou salé ? Colle les aliments dans la colonne qui convient.

Sucré	Salé

3 Complète les phrases avec le nom de l'organe qui convient.

NEZ | OREILLES | YEUX | PEAU | LANGUE

a. Loup aime sentir les fleurs. Pour renifler, Loup se sert de son ....

b. Loup a terminé son livre. Pour voir, Loup se sert de ses ....

c. Pour son anniversaire, Loup mange un gros gâteau. Pour gouter, Loup se sert de sa ....

d. Loup a entendu un bruit. Pour écouter, Loup se sert de ses ....

e. Loup porte un déguisement. Pour sentir, Loup se sert de sa ....

Le défi de Demoiselle Yéti

Cache-cache

Avec l'aide d'un adulte, réunis cinq objets. Aligne-les et observe-les. Puis cache tes yeux et demande à un adulte d'en retirer un. Ouvre les yeux et devine quel objet a disparu.

Corrigés p. 102

Graphisme – Écriture

1 Le crayon, p. 9

1.

2.

2 Les boucles (1), p. 11

3. Les cerises – Le livre – Le lapin – Les palmes.

3 Les étrécies, p. 13

3. taupe

Défi.

La lune — L'étoile — La tortue

4 Les ronds (1), p. 15

3. la carotte – le champignon – le concombre – la sorcière – la princesse – le coquillage – le bol.

5 Les ronds (2), p. 17

3. le panda – l'arbre – le nuage – un dragon

Défi.

le dromadaire

6 Les ponts, p. 19

3. Valentin

Défi.

7 Les jambages, p. 21

3. q : quatre.

j : jus.

g : dragon.

Défi.

8 Les demi-ponts et les demi-ronds à l'envers, p. 23

3. tor – tue

so – leil

re – nard

Défi.

râteau – reteau – râteau – rato – râteu – tareau – sâteau – teaura – rate – râteau

9 Les mélanges d'étrécies et de ponts, p. 25

V M D O T N

E N A I L Y

10 Les boucles (2), p. 27

3. La fourmi – Les skis – Le biberon – Le cochon.

Lecture

1 Les syllabes (1), p. 33

1. 

2. 

soleil ananas cadeau téléphone

3. 

Défi. Télévision 

2 Des lettres et des mots, p. 35

1. C A R T A B L E
   C R A Y O N

2. 

LOUP	LIVRE	CAHIER	PEINTURE
LOUPE	LIRE	CACHER	CEINTURE
LOUVE	LIVRER	CAHIER	PEINTRE
LOUP	LIVRE	PANIER	PEINTURE

3. L O U P U R Q L O P Q

Défi. La lettre H

3 Les syllabes (2), p. 37

1. 

2. la citrouille – les champignons.

3. 

Défi.  gâteau.

4 Les différentes écritures (1), p. 39

1. 

BONBON biberon banane ROBOT

2. 

GRENOUILLE HÉRISSON POULE COQ VACHE

poule grenouille vache hérisson coq

3. LOUP DESCENDIT LES BARREAUX.

Défi.

p p p p p p p p p p p p p p p p p p p
p p p p p p p p p p p p p p p
p q p p p p p p p p p p p p p p p p p p

5 Les différents écrits, p. 41

1. 

2. 

Défi.

contes

Lecture

6 Comprendre une histoire, p. 43

1. a. Loup n'aime pas sa couleur car il trouve le noir trop triste.

b. Il essaye la couleur verte.

c. Loup se compare à une grenouille.

2.

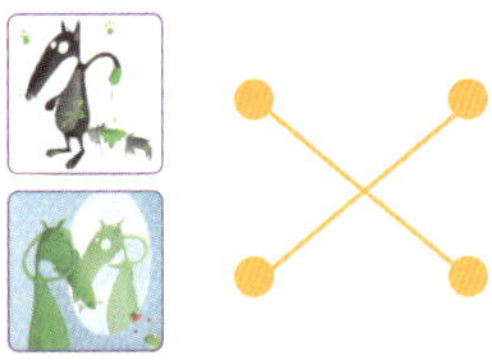

On dirait une grosse grenouille, cela ne va pas du tout !

Il plongea sa patte dans un pot de peinture verte et s'en barbouilla le corps.

3.

Défi. Loup ressemble au Petit Chaperon rouge.

7 Les différentes écritures (2), p. 45

1.

robot BALLON GUITARE avion CAFETIÈRE

guitare cafetière ROBOT ballon avion

2.

n q Q N B
b q M P p
m p m
n b

3. Loup fait un tour en gondole.

Défi. L'intrus est la lettre b.

8 Les syllabes (3), p. 47

1.

2.

3.

9 Reconnaître des sons (1), p. 49

1.

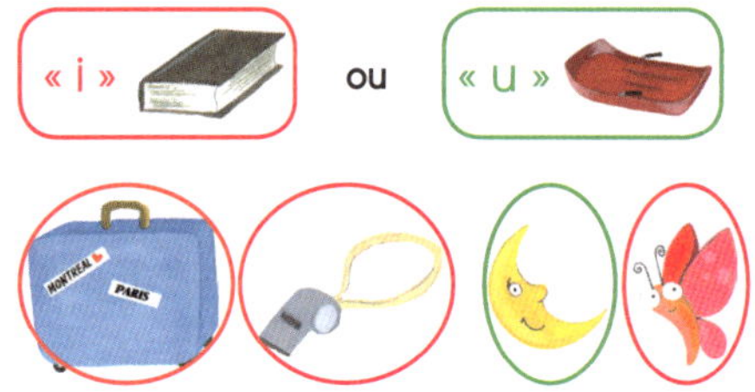

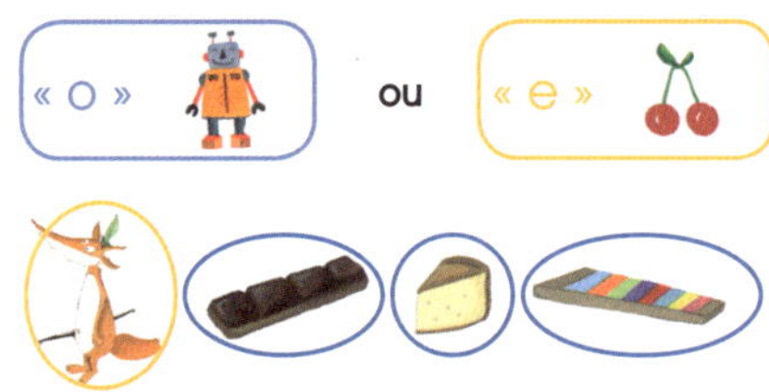

2. Le « o » rime avec escargot.

10 Reconnaître des sons (2), p. 51

1.

2.

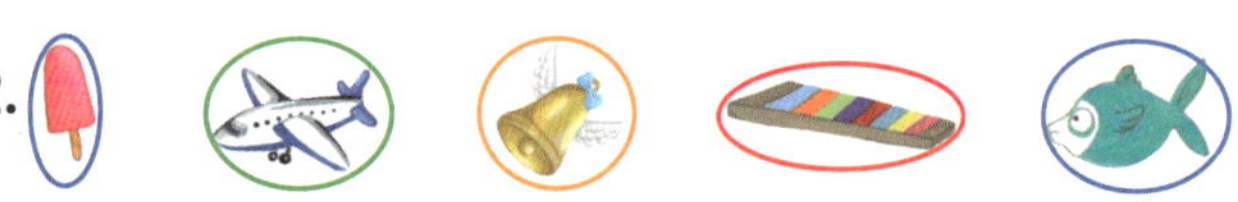

3.

Mathématiques

1 Les nombres de 0 à 5, p. 55

1.

2.

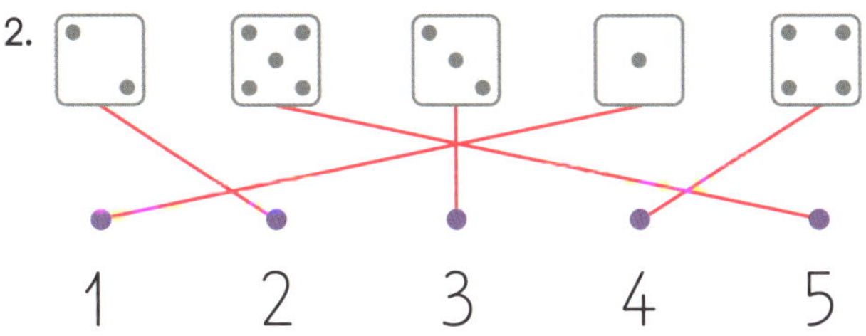

3.

2 Repérage dans l'espace, p. 57

1. Loup est à droite de Blanche-Neige.
   Loup est derrière le tableau.
   Loup est au-dessus des poissons.

2.

Défi.

Le est au-dessus du

Le est à gauche du

Le et à droite du

Le est entre le et et entre le et le ; il est sous le et au-dessus du

Le est sous le .

3 Les nombres de 6 à 10, p. 59

1.

2.

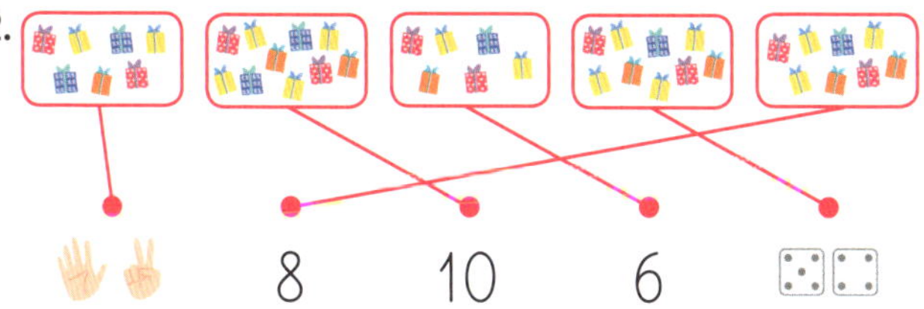

3.

5 Comparer les nombres, p. 63

1.

2.

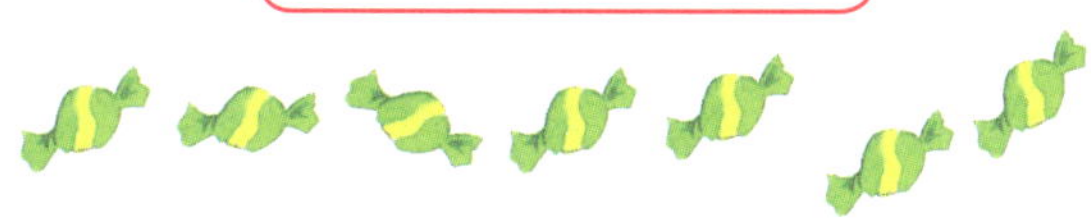

3. 4 < 7 5 > 3 9 > 6 8 > 3

6 Les formes géométriques, p. 65

1.

2.

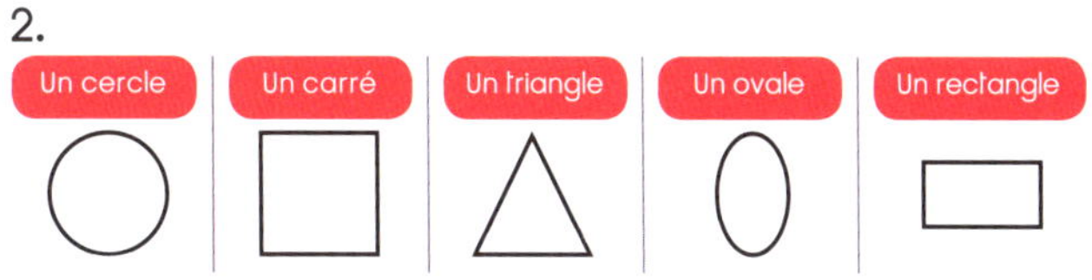

Mathématiques

7 Les tableaux à double entrée, p. 67

1.

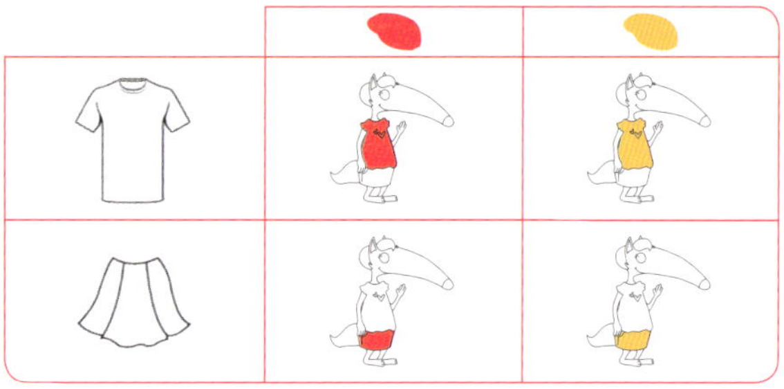

2.

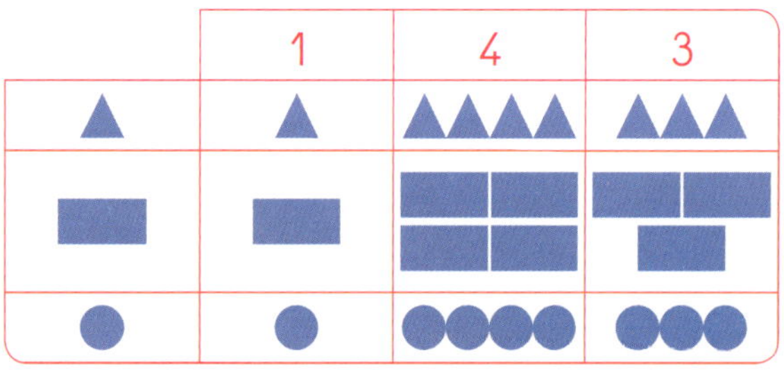

8 Les nombres de 1 à 10, p. 69

1. 1 2 3 4 5 6 7 8 9 10

2.

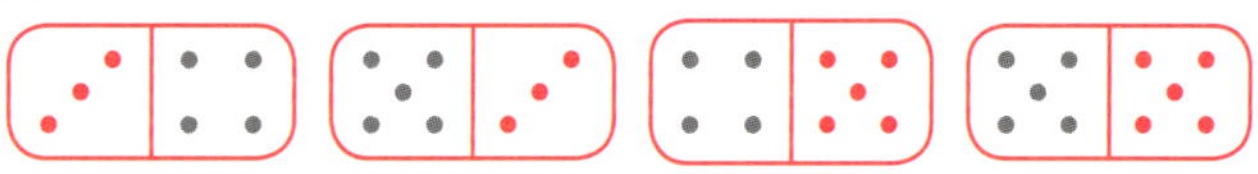

3 4 — 5 3 — 4 5 — 5 5

3.

9 Suivre un chemin, p. 71

2.

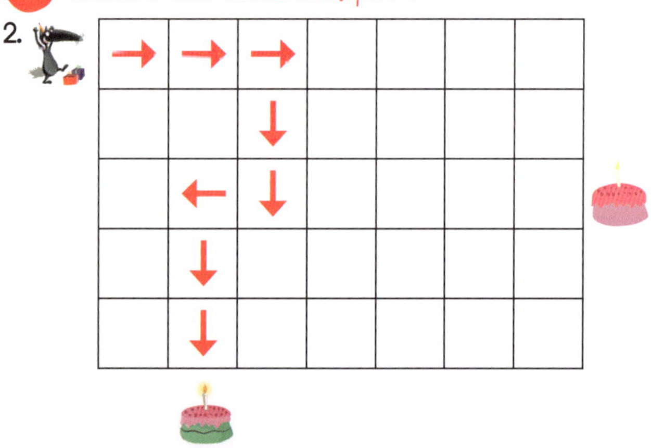

3. → → ↓ ↓ → → → ↑ → →

10 Les longueurs, p. 73

1.

2.

5 — 3 — 1 — 2 — 4

3.

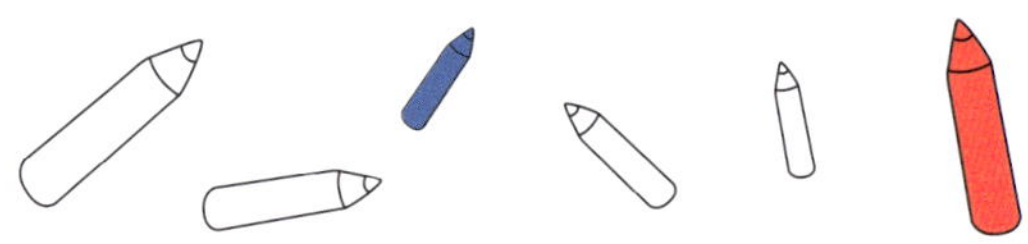

11 Suite numérique jusqu'à 20, p. 75

1.

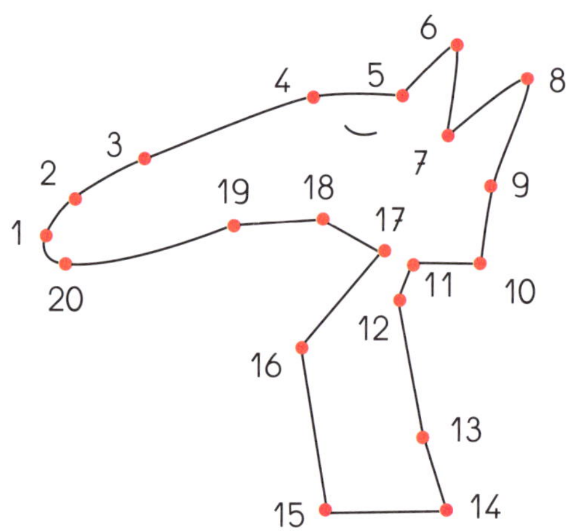

2. 4 5 6 7 8 9 10 11 12 13

14 15 16 17 18 19 20

Défi.

●: 7 ▲: 11 ■: 18

Explorer le monde

1 La journée, p. 79

1.

2.

	Le matin	Le midi	L'après-midi	Le soir
Je vais me coucher.				×
Je déjeune à la cantine.		×		
Je vais à l'école.	×			
J'enfile mon pyjama.				×
Je rentre à la maison.			×	
Je dine en famille.				×

3.

2 Les saisons, p. 81

1.

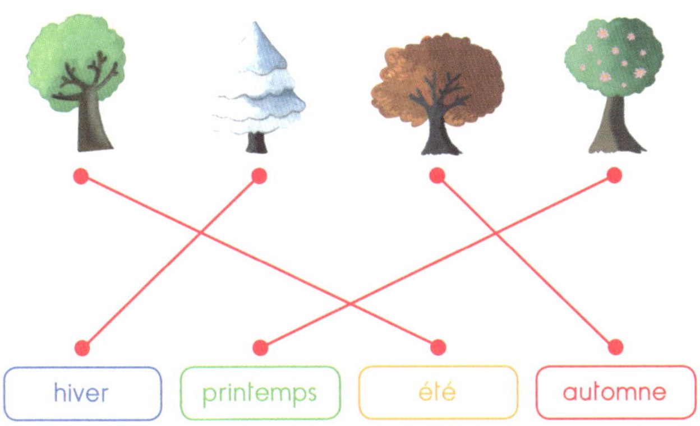

2. La meilleure saison pour patiner sur la glace, c'est l'hiver !

3.

3 Les repères du temps, p. 83

1.

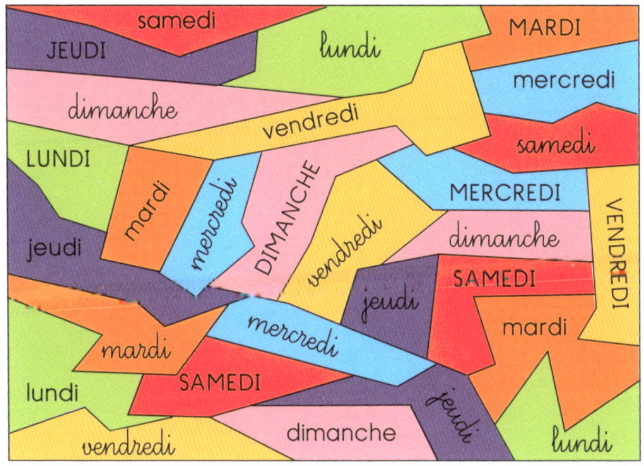

2.

3.

Défi. Dimanche

4 Les éléments naturels, p. 85

1.

2.

Explorer le monde

3.

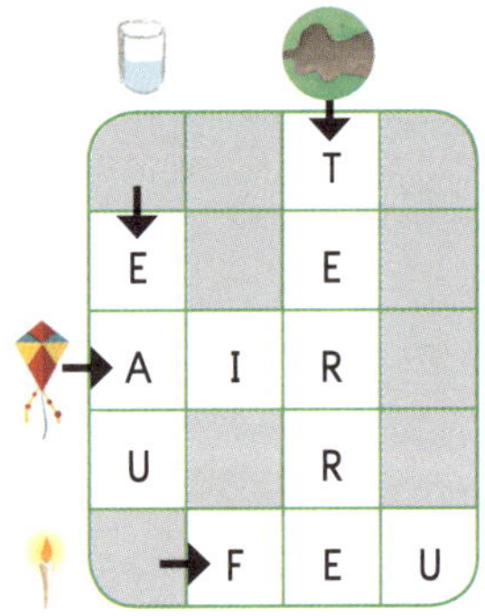

Défi. Je suis la terre.

5 Les liquides et les solides, p. 87

1.

2.

	Liquide	Solide
		X
	X	
		X
	X	

3. Si tu fais chauffer les poissons en chocolat dans une casserole, ils vont fondre, le chocolat devient liquide.

6 La protection de l'environnement, p. 89

1.

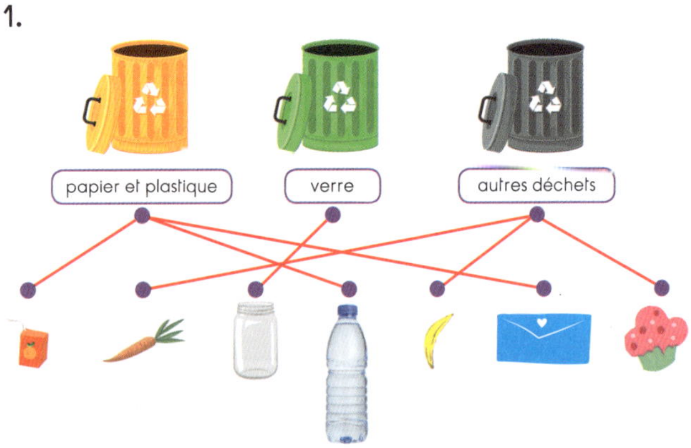

7 Vivant, non vivant, p. 91

1.

2.

3.

8 Le corps humain, p. 93

1.

2. a. le genou - b. le doigt - c. le pied ou les orteils.

Défi.

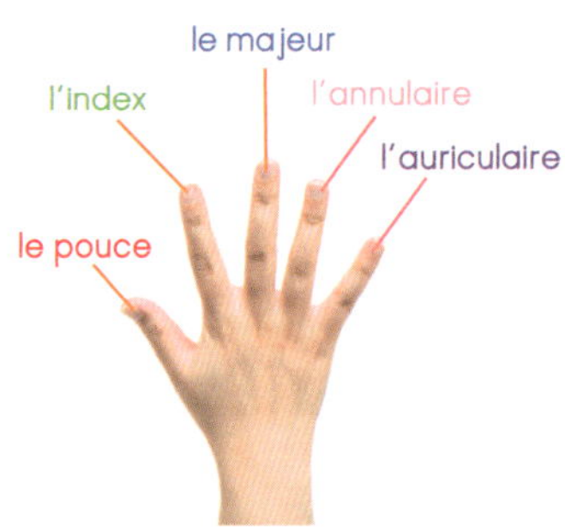

9 Les sens, p. 95

1.

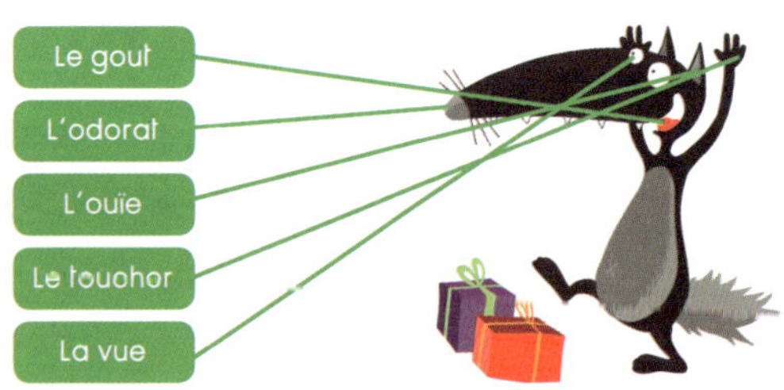

2.

3. a. nez – b. yeux – c. langue – d. oreilles – e. peau

Directeur éditorial
Damien Hervé

Éditrice
Béatrix Lot

Responsable studio graphique
Sabrina Regoui

Mise en page
Desk

Couverture
Alice Nominé

Fabrication
Marion Gretchanovsky

Relecture
Kate Fitzgerald

Correction
Nathalie Coët

Produit conçu et fabriqué sous système de management de la qualité certifié AFAQ ISO 9001.

Dépôt légal : janvier 2019.

auzou.fr

Crédits photos : Shutterstock.com

Page 23

tue leil nard so tor re

Page 33

Page 39

DESCENDIT LOUP BARREAUX. LES

Page 45

gondole. Loup tour en fait un

Page 57

Page 79

Page 81

Page 91

Page 93

Page 95